Für eine Ökologie der Bilder

Peter Szendy

Für eine Ökologie der Bilder

Aus dem Französischen von
Philipp Rabe

DIAPHANES

Titel der französischen Originalausgabe:
Pour une écologie des images

1. Auflage
ISBN 978-3-0358-0564-2

www.diaphanes.net

Umschlag, Layout, Satz: 2edit, Zürich
Druck: C.H. Beck, Nördlingen
Titelabbildung: Imre Kinszki, *Flügel einer Florfliege*, um 1930.

Inhalt

Präludium
(In Erinnerung an Imre Kinszki)

Ich möchte die folgenden Überlegungen[1] der Erinnerung an meinen Großonkel Imre Kinszki widmen.

An *Imre bácsi,* »Onkel Imre«, wie ihn meine Mutter noch bis heute nennt, wenn sie von ihm spricht.

Manchmal frage ich mich, was *Imre bácsi* von den Abermilliarden Fotos gehalten hätte, die täglich auf den sozialen Netzwerken gepostet und ausgetauscht werden, was er von dem beispiellosen und nicht mehr messbaren Anstieg der existierenden fotografischen Bilder gehalten hätte.

Denn Imre Kinszki war Fotograf. Etwas weniger bekannt als seine ungarischen Zeitgenossen László Moholy-Nagy, Éva Besnyő, Martin Munkácsi oder Brassaï, mit denen er im Kontakt stand, wurde sein fotografisches Werk an ihrer Seite in einem wichtigen, 1939 erschienenen Sammelband über ungarische Fotografie ver-

---

1 Diese Überlegungen entstanden im Kontext der Ausstellung *Le Supermarché des images,* die zu konzipieren mich das Museum Jeu de Paume beauftragt hatte und die von Februar bis Juni 2020 zu sehen war. Sie speisen sich aus Diskussionen mit Emmanuel Alloa und Marta Ponsa, die mich bei diesem Abenteuer begleiteten. Erste Entwürfe finden sich in meiner Einleitung »Voiries du visible, iconomies de l'ombre« im Ausstellungskatalog (Paris 2020) sowie in meinem Vortrag auf dem Kolloquium »Vers une écologie des images«, den ich gegen Ende der Ausstellung hielt. Eine erste Version des kurzen, dem »Zufall der Zeitlupe« gewidmeten Interludiums wurde für einen Vortrag im Zuge eines von Jean-Christophe Bailly Ende 2019 am Jeu de Paume gehaltenen Seminars geschrieben. (Die sechs Vorträge des Seminars sind in dem Buch *Voir le temps venir* (Paris 2021) veröffentlicht worden).

Imre Kinszki, *Ohne Titel*, um 1930.

öffentlicht.[2] Unter seinen, sich oft durch formgebende Schattenwürfe der verschachtelten Bildgestaltung auszeichnenden Fotografien – jene mit seiner schlafenden Tochter Judit ist mir besonders wertvoll – gibt es einige ungewöhnliche Ansichten vom Budapest der 1920er und 1930er Jahre sowie bestimmte Bilder für wissenschaftliche Zeitschriften, auf denen die Flügeladern von Insekten die Versorgungsleitungen und Absperrgitter, die den urbanen Raum durchstreifen, widerzuspiegeln scheinen. Imre hat sich, um Makroaufnahmen machen zu können, von der Firma Hock & Kiss einen speziell für ihn entworfenen Fotoapparat herstellen lassen, den »Kinsecta«: Ich komme nicht umhin, darin ein den

2 *Magyar fényképezés*, Officina nyomda és kiadóvállalat, 1939.

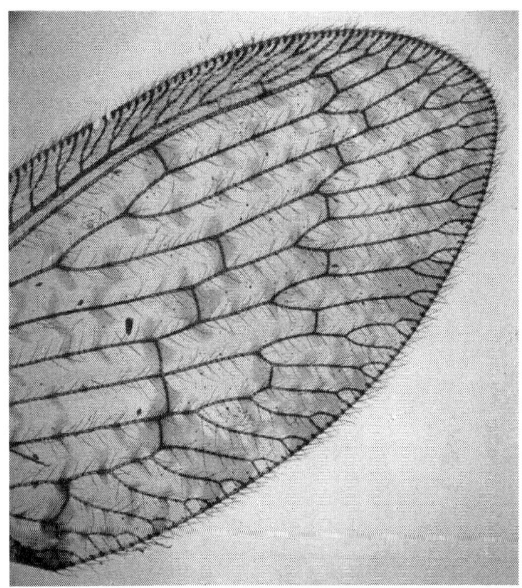

Imre Kinszki, *Flügel einer Florfliege*, um 1930.

Familiennamen Kinszki und das lateinische Wort *insecta* verdichtendes Kofferwort zu vernehmen, als ob sich in dieser technischen Erfindung seine Leidenschaft für die Insektenkunde mit jener für die Fotografie verbunden hätte.

Ich denke oft an *Imre bácsi*, an seine Tochter Judit (mit der ich einen Briefwechsel unterhalte), an meine Großmutter Kató, die ihren Bruder so sehr bewunderte, an diese in den Konzentrationslagern zerbrochenen Leben (Imre wurde zum letzten Mal auf einem Todesmarsch in der Nähe des Konzentrationslagers Sachsenhausen Anfang 1945 gesehen, sein Sohn Gábor erfror in Buchenwald, wohingegen Kató wie durch ein Wunder aus Ravensbrück zurückgekehrt ist). Ich denke oft an sie, aber ich war absolut nicht darauf gefasst, während meiner Recherchen – die ich unternahm, um die Idee einer Ökologie der Bilder zu ergründen

– einen faszinierenden Artikel von diesem Großonkel, den ich nie kennengelernt hatte, zu entdecken.

1901 geboren, hat Imre Kinszki auf sein Biologiestudium aufgrund eines 1920 eingeführten Numerus clausus, mit dem man die Anzahl jüdischer Studenten an ungarischen Universitäten einschränken wollte, verzichten müssen. Dies hielt ihn jedoch nicht davon ab, sich in einigen Texten diesem Wissenschaftsfeld und dessen Vorannahmen zu widmen, so wie etwa in den paar Seiten, die 1919 in der wichtigen soziologischen Zeitschrift *Huszadik század* (»Zwanzigstes Jahrhundert«) unter folgendem Titel veröffentlicht wurden: »A természet háztartása«.[3] Es ist schwierig, diesen im Ungarischen eigentlich simplen Ausdruck zu übersetzen: Er bedeutet in etwa »Ökonomie der Natur«, aber nur unter der Bedingung, dass man in ihm das griechische *Oikonomia* mitschwingen hört, präziser die Hausgemeinschaft (*Oikos*). Wörtlich bedeutet *háztartás* Haushalt. Anstatt das ungarische Wort zu übersetzen, versuche ich mich an folgender Auslegung: Was Imres Artikel behandelt, ist die Bewirtschaftung (oder die Verwaltung) des Naturhaushalts.

Imre war neunzehn, als er diese Zeilen über die Naturökonomie veröffentlichte (sie folgten in der gleichen Ausgabe des *Huszadik század* auf seine ausführliche Studie *Szükséglet, alkalmazkodás, fejlo dés* [»Notwendigkeit, Adaptation, Evolution«][4]). In ihnen gibt er zu bedenken, dass selbst die Idee einer durch die Natur eingeschränkten Ökonomie die Annahme voraussetzen würde, dass sie eine Absicht verfolgt. (Es gibt, sagt er schließlich, keine Ökonomie

---

3 Imre Kinszki, »A természet háztartása«, in: *Huszadik század*, Band 20, Nr. 1–2, 1919, S. 56–58. Die Seitenangaben im folgenden Fließtext beziehen sich auf diesen kurzen Text [A.d.Ü.].

4 Ebd., S. 20–39.

ohne Teleologie, ohne die Suche nach einer Zweckmäßigkeit, die sich nur im Verhältnis zu einem erstrebenswerten Ziel bemisst.) Anstatt daraus zu schlussfolgern, dass der Begriff der Ökonomie schlicht hinfällig oder ohne Wert sei, wenn er auf die Natur – die in den Augen der modernen Wissenschaft keine Zweckbestimmtheit besitzen kann – angewandt wird, beschließt Imre einen »Standpunkt« einzunehmen, den er als »psychologisch« bezeichnet und der mir fast nietzscheanisch erscheint: Er wendet sich tatsächlich »einer Nachforschung über die Genese dieser Idee, über die voraussichtlichen Bereiche seiner Entstehung« (S. 57) zu und begnügt sich nicht damit, sie als abwegig oder überholt zu bezeichnen. Er fragt sich, woher diese Idee kommt, warum sie aufgetaucht ist und welchen Zwecken sie gedient hat.

Die Gründe scheinen sich in einem Wort resümieren zu lassen: Anthropozentrismus. So betrachtete Imre, was für uns, die diese Überlegungen im Kontext einer angekündigten Klimakatastrophe ein Jahrhundert später lesen, auf eine anders dringliche und dramatische Weise nachklingt: Und zwar die »erhebliche« Folgeerscheinung, die »der Rückgang oder das Aussterben von Tier- und Pflanzenarten« (S. 58) verursachen kann. Die Bewertung der Folgen des Verschwindens eines Lebewesens, sagt er, stützt sich deutlich auf eine »anthropozentrische Grundlage«, denn »der ›Wert‹ eines davon betroffenen Lebewesens, der eigentlich durch seine ›Rolle‹ innerhalb ›der Ökonomie der Natur‹ bestimmt werden sollte, bedeutet schlicht, *in welchem Maß der Mensch dessen Überleben wünscht.*« Anders ausgedrückt: Hinter dem Willen, die Natur zu schützen und ihre Reichtümer zu bewahren, versteckt sich das kaum verborgene wirtschaftliche Interesse des Menschen.

Alles deutet darauf hin, dass Imre gewisse Werke von Ernst Haeckel gelesen hatte, dem wir das Wort »Oecologie« verdanken und die jener 1866 als die »Wissenschaft von der Oeconomie, von der Lebensweise, von den äußeren Lebensbeziehungen der Organismen zu einander«[5] definierte. Als Haeckel diese Idee wieder aufgreift und ihr den neuen Namen *Oecologie* verleiht, hat die Idee einer Ökonomie des organischen Lebens und der zähmenden Verwaltung des Naturhaushalts bereits eine lange Tradition. So trifft man schon in medizinischen Abhandlungen des 17. Jahrhunderts auf den Ausdruck »animalische Ökonomie«, und in seinen 1691 angestellten Überlegungen über die »in den Werken der Schöpfung enthaltene Weisheit Gottes« spricht der englische Naturforscher John Ray von einer »Ökonomie der Pflanzen«.[6] Im darauffolgenden Jahrhundert, im Jahre 1749, gab Linné einer Dissertation, deren Urheber er ist, die aber, wie es den Gepflogenheiten der damaligen Zeit entsprach, von einem seiner Studenten (Isaac Biberg), dem er sie zur Niederschrift diktiert hatte, verteidigt wurde, den Titel *Oeconomia naturae*. Im ersten Satz können wir dort folgendes lesen: »Unter der Ökonomie der Natur verstehen wir die äußerst weise Anordnung, die der Schöpfer bei den Naturdingen getroffen hat, nach der diese zu gemeinsamen Zwecken und wechselseitigen Nutzen geeignet sind«.[7]

—

5 Ernst Haeckel, *Generelle Morphologie der Organismen*, I. Band, Berlin 1866, S. 8. In »Notwendigkeit, Adaptation, Evolution« (S. 23) erwähnt Imre Kinszki Haeckels Werk *Gottnatur (Theophysis) – Studien über Monistische Religion* (Leipzig 1914).

6 John Ray, *The Wisdom of God Manifested in the Works of the Creation*, London 1691, S. 76. In seinem 1658 in London veröffentlichten Werk *Oeconomia animalis novis in medicina hypothesibus superstructa et mechanice explicata* (wortwörtlich: »eine neue animalische Ökonomie, auf medizinischen Hypothesen gebaut und mechanisch erklärt«), spricht der Naturforscher Walter Charleton auch von einer »Oeconomie des menschlichen Körpers« (Humani Corporis Oeconomia).

7 Carl von Linné, zit. nach Staffan Müller-Wille, *Botanik und weltweiter Handel. Zur Begründung eines Natürlichen Systems der Pflanzen durch Carl*

Mein Großonkel Imre lag also zweifellos richtig darin zu vermuten, dass die eigentliche Idee einer Ökonomie der Natur bereits, mehr oder weniger offensichtlich, in einer Folge jener durch die Tradition hinterlassenen »theistischen Elemente« stand, die »unter dem Deckmantel der Tendenz nach Objektivität« (S. 58), die die moderne Wissenschaft kennzeichnen sollte, schlicht übernommen wurden. Imre war der Ansicht, dass genau genommen das, was »klammheimlich« innerhalb des wissenschaftlichen Objektivismus übernommen wurde, der Finalismus war, der die theologische Sicht, die Natur als einen zu verwaltenden Haushalt anzusehen, antreibt. Und sobald diese Vision nach einem Ende strebt, schreibt Imre, ist dieses letztendlich »nichts anderes als der Mensch« (ebd.).

Wenn ich hier an die Fragen, die sich mein Großonkel als Fotograf und Naturforscher 1919 in Ungarn stellte, erinnere, so aus dem Grund, weil sie mich ein Jahrhundert später auf dem Weg, den ich im dunklen Zeitalter des Anthropozäns im Hinblick auf eine Ökologie der Bilder beschreiten möchte, begleiten. In gewisser Weise bereiten mir seine Fragen selbst den Weg, auch wenn *Imre bácsi* sehr wahrscheinlich seinen Augen nicht getraut hätte. Niemals hätte er sich, wenn er mit der »Kinsecta« in der Hand aufbrach, einige Aufnahmen in der Natur einzufangen, vorstellen können, dass man eines Tages in sogenannten sozialen Netzwerken in jeder Stunde dutzende Millionen Fotos in den Umlauf bringen würde. Niemals hätte er sich vorstellen können, dass diese beispiellose Bilderflut durch den Energieaufwand und die

---

von Linné (1707–1778), Berlin 1999, S. 272f. Hinsichtlich einer Kritik des idyllischen Paradigmas, das in der Vorstellung von einer »Ökonomie der Natur« und deren Fortschreibung in der Ökologie enthalten ist, vgl. Emanuele Coccias wunderbaren Essay *Metamorphosen* (München 2021) und dort insbesondere das schön betitelte Kapitel »Alle zu Hause«.

Rohstoffe, die ihre Aufbewahrung und Verwaltung erfordern, Tag um Tag zu dem beiträgt, was er in seinem Artikel für die Zeitschrift *Huszadik század* beschrieb, den »Rückgang [und das] Aussterben von Tier- und Pflanzenarten«.

Dabei war er es, der mich auf die richtige Spur einer möglichen Ökologie der Bilder führte. Nicht bloß durch seine Hellsichtigkeit in Bezug auf den Anthropozentrismus und Finalismus, sondern auch und insbesondere durch das, was aus seinem fotografischen Werk eine unaufhörliche Variation einer Sprache der Schatten macht.

Einem anthropozentrischen Finalismus zu misstrauen ist heute mehr denn je notwendig, denn die Vorherrschaft der Bilder in Zeiten ihrer globalen Zirkulation bringt uns – aus Gründen, die ich bereitwillig als *vermeintlich gute Gründe* beschreiben würde – ziemlich häufig dazu, uns in ihnen erneut als Mittel- und Fixpunkt der Welt bestätigen zu wollen. Wenn die Bilder allseits über uns hereinbrechen und uns überwältigen, ist es verlockend sich vorzustellen, dass wir sie wieder einfangen könnten, ja müssten, dass wir wieder Besitz von ihnen ergreifen und für sie vor allem ein rechtes Maß oder eine angemessene Menge gewährleisten sollten. Denn genau dort, in den Bildern, lauert der Anthropozentrismus.

Aber was hat es mit dem Schatten auf sich? Inwiefern kann eine Kunst der Schattenverläufe, so wie jene, die Imre im Moment der fotografischen Aufnahme suchte, uns zu einem Verständnis für eine Ökologie der Bilder führen?

Genau diese Frage werde ich versuchen im ersten, der zwei hier enthaltenen Essays zu beantworten. Sagen wir, um bereits etwas vorzugreifen, dass ich die Ökologie nicht, oder nicht bloß, als ein dem *oikos* verpflichtendes Denken verstehe, d.h. im Sinne der Hausgemeinschaft, dessen Konzept Imre kritisierte, sobald es auf die Natur angewandt wurde. Die Ökologie, auf die ich mich berufen werde, wird hauptsächlich ein Aufruf zu einer neuen Aufmerksamkeit hinsichtlich der Zeit, der auseinanderlaufenden oder dissonanten Zeiten, die innerhalb der oder direkt auf die Bilder wirken, sein. Zwischen der langfristigen Zeit – der tiefgreifenden Zeit der Erdgeschichte oder der Evolution der Lebewesen, die sie bevölkern – und der kurzfristigen Zeit einer globalisierten *Ikonomie,*[8] die dazu beiträgt ihr Gleichgewicht zu erschüttern, soll das Bild als eine Stratifikation radikal verschiedener Zeiträume gedacht werden. Das Bild, so behaupten wir, ist seinem Wesen nach eines der Heterochronie. Und der Schatten ist, wie wir sehen werden, eine der bevorzugten Figuren dieser Heterochronie.

Imre wird das gewusst haben, sage ich mir, auch wenn es nur ein unklares Wissen war; er, der täglich die Erfahrung dieser kontrastierenden Zeitlichkeit, die die Naturfotografie ins Spiel bringt, gemacht hat: Die Langsamkeit der Annäherung und die bisweilen blitzschnellen Bewegungen der Modelle, die dutzende oder hunderte Millionen Jahre, die es bedurfte, die sich abzeichnenden Linien der Blutadern eines Insektenflügels festzuhalten, während das Lebewesen, das die »Kinsecta« erfasst, vielleicht nicht länger als einen Tag lebt, vergänglich wie der Schlagschatten, der sich durch ein streifendes Licht abzeichnet und um den festzuhalten er stundenlang, bis zum passenden Moment, warten musste.

Derart weit sind die zeitlichen Anspannungen und Tonalitäten, mit der eine ökologische Herangehensweise die Bilder erneut sichtbar machen will, die inmitten Milliarden von Momentaufnahmen,

8 Ich habe einen »ikonomischen« Ansatz im Bezug auf die Produktion und Zirkulation von Bildern in meinem Buch *Le Supermarché du visible. Essai d'iconomie* (Paris 2017) vorgeschlagen.

die unsere sozialen Netzwerke jede Minute vor sich hertreiben und innerhalb von wenigen Sekunden an jegliche Orte der Welt transportieren, wo sie – kaum aufgetaucht – in den Datenfluten verschwinden. Eine Ökologie der Bilder, die diese Bezeichnung verdient, würde die vielfachen Zeiträume wieder zu Tage treten lassen, die im Gegensatz zu dem Extrem stehen, das die weltweite Zirkulation der Bilder bedingt und unaufhörlich verdeckt.[9] Sie wird uns helfen, die Bilder wieder wahrzunehmen. Sie vielleicht zu verstehen.

Wir werden versuchen das Bild in seiner Spannung zwischen der unbeschreiblichen Langsamkeit seit seiner erdzeitlichen Entstehung und der Geschwindigkeit, die, schneller als das Licht, das Bild über das Sichtbare hinausführt, zu denken.

---

9 Ein anderer Weg hinsichtlich einer Ökologie der Bilder bestünde darin, den Schwerpunkt auf die Abfälle zu legen, wie es mein Freund Hervé Aubron vorschlägt, indem er danach fragt, »was eine Kunst der Abfälle, jene der Welt wie die eigenen« sein könnte. Vgl. Hervé Aubron, »De la merde. Entretien avec Gabriel Bortzmeyer«, *debordements.fr*, September 2015.

Auf dem Weg zu einer Ikonomie des Nichtmenschlichen

Nehmen wir, wie es die *Naturkunde* von Plinius vorschlägt, an, dass das erste gemalte Bild der Umriss eines Schattens war.[10] Wir wissen nur wenig von den Anfängen der Malerei, aber man behauptet hier und da, so berichtet der antike Naturforscher, dass sie entstand, als jemand »den Schatten eines Menschen mit Linien umzog«. Fürs Erste erfahren wir nicht mehr. Etwas weiter in diesem Band seiner monumentalen Enzyklopädie fügt Plinus jedoch einige, danach oft kommentierte, Details hinzu: Die Tochter eines Töpfers aus Sikyon mit Namen Butades, verliebt in einen jungen Mann, der im Begriff war ins Ausland zu gehen, umriss »bei Lampenlicht an der Wand den Schatten seines Gesichts mit Linien« (*umbram ex facie eius ad lucernam in pariete lineis circumscripsit*).

Dieser mutmaßliche Ursprung des gemalten Bildes wird allgemein erwähnt, um aus ihm die verführerische Idee herauszulesen, dass »die Liebe [...] die Erfinderin der Zeichnung« war (so die Worte Rousseaus am Anfang seines *Essai sur l'origine des langues*). Ab dem 17. Jahrhundert wollten Graveure und Maler (Charles Le Brun scheint einer der ersten gewesen zu sein) die Szene der Töpfertochter und ihres Liebhabers abbilden, als ob die Malerei

---

10 Buch XXXV, Kapitel 5 »Vom Anfang der Malerei« und Kapitel 43 »Die Erfinder der Modellierkunst«, in: C[aius] Plinius Secundus d[er] Ä[ltere], *Naturkunde Lateinisch-deutsch, Sammlung Tusculum*, hrsg. und übersetzt von Roderich König, 37 Bücher (und Register) in 32 Bänden, München 1981–2007, S. 150ff.

Charles Le Brun, Stich für Charles Perrault,
La Peinture, 1668.

versuchte, sich mit der legendenhaften Entstehung ihrer eigenen Geburt zu befassen. Und im darauffolgenden Jahrhundert sollte das Abzeichnen eines an die Wand geworfenen Schattens Gegenstand einer serienmäßigen Vervielfältigung werden: Man stellte Maschinen her, die, dem Modell des von Gilles-Louis Chrétien 1783 erfundenen *Physionotrace* folgend, die Fertigung von Profilporträts möglich machen sollten. Der antike Schatten wurde von diesem Zeitpunkt an zum Gegenstand einer regelrechten Industrie. Er wurde mechanisiert und arrangiert, um massenhaft produziert der wachsenden Beliebtheit zu entsprechen.[11]

---

11 Zu Gilles-Louis Chrétiens *Physionotrace*, siehe das Buch von René Hennequin, *Un »photographe« de l'époque de la Révolution et de l'Empire: Edme Quenedey des Riceys (Aube), Portraitiste au Physionotrace*, Troyes 1926. Der Schweizer Radierer Johann Rudolph Schellenberg hat eine Abbildung eines Silhouettierstuhls – »machine sûre & commode pour tirer des silhouettes« – erstellt.

Johann Rudolph Schellenberg,
A Sure and conveniant Machine for drawing Silhouettes, 1783.

Bei all dieser Begeisterung oder Schwärmerei für die Schattenzeichnung wurde allerdings oft vergessen, was Plinius, nachdem er die Geste der Töpfertocher zur Sprache gebracht hatte, sogleich hinzufügte, und zwar, dass der Vater »mit daraufgedrücktem Ton« den eben erst umrissenen Gesichtszug ausfüllte, »und ein Abbild (typus) mach[te], das er mit dem übrigen Tonzeug im Feuer brannte«. Die malerische Geste wird sofort in ein anderes Medium übertragen: Die Zeichnung wird zum Tonrelief.

Wenn man Plinius' Erzählung über die Geburt der Malerei in ihrer Gänze folgt, müsste man also sagen, dass mit der Entstehung des gemalten Bildes seine unmittelbare Umformatierung

---

Vgl. Tafel XXXX, in: Johann Caspar Lavater, *Physiognomische Fragmente, zur Beförderung der Menschenkenntniß und Menschenliebe,* Band II, Leipzig u.a. 1776.

(denn es geht um das Format, wir werden darauf zurückkommen) in eine andere Version, in einen anderen Ausdruck seiner selbst, einhergeht. Oder besser gesagt: Bereits am Anfang der Malerei gab es einen Austausch, eine Ersetzung der Medien oder der Formate (aus Zeichnung wurde Tonarbeit). Am Anfang gibt es einen Unterschied der Formatierung, was auch heißt, dass die Geschwindigkeiten voneinander abweichen, da das eine Format (das Brennen des Tons) zeitaufwendiger als das andere ist (der Umriss einer Zeichnung). Das allererste Bild der Kunstgeschichte ist ein *Transformat*.

Die Schattenjagd

Die Fabel von Plinius wurde, wie bereits erwähnt, von Dichtern aufgegriffen, die ihrerseits die Radierer inspiriert haben, die gedichteten Wörter zu illustrieren. Einigen dieser Darstellungen wohnt etwas Seltsames inne, so wie jener von Charles-Nicolas Cochin, die einen eigenartigen Satz aus Antoine-Marin Le Mierres Gedicht »La Peinture« (1769) ausschmückt. Der Vers lautet: »Im Gehirn zu zeichnen ist das erste Gemälde.« Der auf der Wand nachgezeichnete Schatten wirkt beinahe unheimlich, so sehr vergrößert ist das Profil des Geliebten. Es scheint, als ob er im Begriff sei, ein eigenständiges, von seinem Modell losgelöstes Leben zu führen. (Ganz zu schweigen von dem wartenden Vater, der, wie entgeistert, in seiner Hand das Werkzeug eines Bildhauers und nicht etwa das eines Töpfers umklammert.)

Doch erst in *Peter Schlemihl*, der einzigartigen, 1814 veröffentlichten Erzählung von Adelbert von Chamisso, tritt die in Plinius' Erzählung unterschwellige fantastische Dimension der Transformatierung wirklich zu Tage. Was widerfährt dem Protagonis-

Charles-Nicolas Cochin,
Stich für Antoine-Marin Le Mierre, »La Peinture«, 1769.

ten dieser sonderbaren Geschichte? Peter Schlemihl schließt mit einem hageren, bleichen und mit einem grauen Rock bekleideten Mann einen Pakt, der an den faustischen Vertrag denken lässt:

»[I]ch hielt ihm schnell die Hand hin: ›Topp! der Handel gilt, für den Beutel haben Sie meinen Schatten.‹ Er schlug ein, kniete dann ungesäumt vor mir nieder, und mit einer bewundernswürdigen Geschicklichkeit sah ich ihn meinen Schatten, vom Kopf bis zu meinen Füßen, leise von dem Grase lösen, aufheben, zusammenrollen und falten, und zuletzt einstecken.«[12] Sobald der Pakt

12 *Peter Schlemihl's wundersame Geschichte, mitgetheilt von Adelbert von Chamisso und herausgegeben von Friedrich Baron de la Motte Fouqué,* Nürnberg

George Cruikshank, Stich aus *Peter Schlemihl*, London 1824.

auf diese Weise besiegelt, der Schatten und das Geld eingesteckt wurden, nehmen wir im dritten Kapitel an etwas Anteil, was stark einer fantastischen Wiederaufführung der plinischen Erzählung ähnelt. Denn Peter Schlemihl, der verzweifelt versucht, wieder zu einem Schatten zu kommen, appelliert an das Gewissen des »berühmtesten Maler[s] der Stadt« (S. 28f.): »Herr Professor, fuhr ich fort, könnten Sie wohl einem Menschen, der auf die unglücklichste Weise von der Welt um seinen Schatten gekommen ist, einen falschen Schatten malen?« Als der, gelinde gesagt, überraschte Künstler ihn fragt, »durch welche Ungeschicklichkeit, durch welche Nachläßigkeit er denn seinen Schlagschatten verlie-

---

1814, S. 14.

ren [konnte]«, antwortet der zutiefst von seinem abgeschlossenen Handel beschämte Peter Schlemihl mit einer Lüge, indem er von sich spricht, als sei er jemand anderes: »In Rußland, wo er im vorigen Winter eine Reise tat, fror ihm einmal, bei einer außerordentlichen Kälte, sein Schatten dergestalt am Boden fest, daß er ihn nicht wieder losbekommen konnte«. Der Schatten, sagt er schließlich, sei geronnen, habe sich in Kristalle umgewandelt, sei wie zu Eis *erstarrt*, habe sich materialisiert. Und sobald er sich derart vom Körper, dessen Silhouette er war, gelöst habe, schien es unmöglich, beide wieder in Verbindung zu bringen: »Der falsche Schlagschatten, den ich ihm malen könnte«, erwiderte der Professor, »würde doch nur ein solcher sein, den er bei der leisesten Bewegung wieder verlieren müßte, – zumal wer an dem eignen angebornen Schatten so wenig fest hing, als aus Ihrer Erzählung selbst sich abnehmen läßt.«

Was aber wird in dieser späten und fantastischen Neuschreibung der plinischen Szene vom Töpfer und dessen Tochter aus dem Schatten? Vielleicht könnte man sagen, dass das, was in Plinius Darstellung mitenthalten ist, nämlich die Umwandlung und die Erstarrung des Schattens (von der gezeichneten Linie zur Tonarbeit), bei Chamisso explizit wird. Denn der Schatten – wie wir gerade gelesen haben – härtet aus und verdickt sich, bleibt auf der Oberfläche, auf die er geworfen wurde, haften. Aber der Wechsel von einem Format ins andere (vom Luftartigen oder Flüssigen zum Festen) wird nicht bloß als solcher thematisiert und verdeutlicht, er wird auch verallgemeinert, da er in beide Richtungen wirkt. In anderen Sequenzen der fantastischen Geschichte des Peter Schlemihl sehen wir tatsächlich, wie der Schatten von Neuem an Materialität verliert, einer Immaterialität entgegenstrebt und eine Flüchtigkeit wiederfindet, die dafür sorgt, dass er sich jeglichem Erfassen zu entziehen scheint. Genau dies passiert, als Peter Schlemihl versucht, einem Schatten nachzustellen, den er sich anzueignen erhofft: »Es kam auf dem sonnigen Sande an mir vorbei geglitten ein Menschenschatten, dem meinigen nicht unähnlich, welcher, allein daher wandelnd, von seinem Herrn abgekommen zu sein schien. [...] Ich sprang hinzu, mich seiner zu bemächtigen, ich dachte nämlich, daß, wenn es mir glückte, in seine Spur zu treten, so, daß er mir an die Füße käme, er wohl daran hängen bleiben und sich mit der Zeit an mich gewöhnen« würde (S. 72). Der Schatten flüchtet und Peter Schlemihl verfolgt ihn – ein wenig so wie ich im Kindesalter oder meine damalige Katze, die wir jeweils versuchten unseren Schatten zu erwischen –, nur dass die anscheinend nicht enden wollende Verfolgungsjagd hier plötzlich mit dem Schock einer völlig unerwarteten Rematerialisierung endet: »So schoß ich mit einem gewaltigen Sprunge hinzu, um ihn in Besitz zu nehmen – und traf unerwartet und hart auf körperlichen Widerstand«, berichtet der Protagonist (S. 73). Der besagte Schatten, lernen wir alsdann, war der eines unsichtbaren, aber sehr wohl greifbaren Mannes.

Zu welchen Gedanken regt uns diese fantastische, von einer Überraschung zur nächsten führende Geschichte an? Bei Plinius folgt der Zeichnung des Schattens deren Transformation in Ton, die beiden Formate erscheinen also in eindeutig definierter und bestimmbarer Reihenfolge, sodass das zweite (aus Ton geknetete) Format als eine simple Abwandlung gelten kann, als eine zweitrangige und optionale Version, die man vernachlässigen könnte (tatsächlich wurde sie, wie wir gesehen haben, in der Mehrzahl der Rückgriffe auf die antike Legende, die ihren Akzent nur auf die erste Linienzeichnung legen, mehr oder weniger vergessen oder an den Rand gedrängt). In Chamissos Neuschöpfung von Plinius' Erzählung vollzieht sich die Ausweitung der Transformationen des Schattens jedoch derart, dass er sich praktisch *gleichzei-*

tig materialisiert und verflüchtigt: Der Schatten löst sich, um sein eigenes Leben zu führen, er wird eigenständig und vom Körper, der ihn sich abzeichnen ließ, unabhängig. Es ist, als ob er eine eigene Konsistenz gewonnen hätte, er flüchtet und wird ungreifbar. Und wenn er sich auf diese Weise, um jeglicher Verankerung zu entwischen, scheinbar verflüchtigen muss, erweist er sich ganz unerwartet als bloße Verlängerung eines mehr denn je stofflichen, obgleich unsichtbaren Körpers. Alles ereignet sich also bei Chamisso, als ob diese verschiedenen Zustände des Schattens koexistieren, als ob sie gemeinsam und gleichzeitig die Existenzvorschriften des Bildes definieren würden.

Wie bereits bemerkt, hat die plinische Erzählung von der Geburt der Malerei die Neugierde zahlreicher Maler und Graveure wie Charles Le Brun und Charles-Nicolas Cochin geweckt. Sie sahen darin zweifellos eine Möglichkeit, der Bildwerdung ein Bild zu geben – ein Meta-Bild in gewisser Hinsicht. Und für Chamissos Erzählung?

Von der eben beschriebenen Schattenjagd hat der britische Illustrator George Cruikshank für die 1824 veröffentlichte englische Übersetzung eine erstaunliche graphische Darstellung angefertigt.[13] In der Gravur sehen wir selbstverständlich Peter Schlemihl, der einem Schatten hinterherläuft, von dem er sich wünscht, er wäre *sein* Schatten, das heißt sein Bild. Peter Schlemihl jagt seinem Bild nach. Aber wenn wir diese Illustration, wie jene von Charles Le Brun oder Charles-Nicolas Cochin, als ein Meta-Bild betrachten, als ein Bild der Bildwerdung, muss man

---

13 *Peter Schlemihl: From The German of Lamotte Fouqué,* mit Stichen von George Cruikshank, London 1824. (Friedrich de La Motte-Fouqué, ein romantischer deutscher Schriftsteller und Freund von Chamisso, wird im Original von 1814 als »Herausgeber« des Manuskripts angegeben.)

George Cruikshank, Stich aus *Peter Schlemihl*, London 1824.

vielmehr sagen: Was wir sehen, ist ein Bild (von Peter Schlemihl), das sein eigenes Bild (seinen Schatten) jagt.

Ein Bild, das seinem Bild hinterherläuft: Hier haben wir die denkbar fantastischste Inszenierung eines zeitlichen Abstands, die – wie wir sehen werden – vielleicht in jedem Bild wirksam ist. Denn das Bild ist sich hier buchstäblich selbst voraus (oder mit sich in Verzug).

Was uns George Cruikshank (der ebenfalls Dickens und *Tristram Shandy* illustrierte) auf diese Weise zu denken gibt, ist das Bild als dargestellter Unterschied [Differenzial] von zum Stehen gebrachter Geschwindigkeiten, es ist vorläufig stabilisiert, in der Schwebe. Ein solch begründeter Unterschied wirkte bereits, wie wir gesehen haben, stillschweigend in Plinius' Erzählung über die Erfindung der Malerei im Spannungsfeld zwischen Zeichnung und Formgebung. Noch eindeutiger wirkt er bei Chamisso, der ihn wieder aufgreift. Und mehr denn je ist er in jenen Bildern am Werk, die heute im digitalen Zeitalter – in den Tiefen der Ozeane durch Unterwasserkabel oder durch elektromagnetische Wellen von im Orbit um unseren Planeten[14] kreisende Satelliten transportiert – jede Minute millionenfach unsere sogenannten sozialen Netzwerken durchziehen.

Die Geschichte von Peter Schlemihl antizipiert um nur wenige Jahrzehnte die Verlegung des ersten transatlantischen Telekommunikationskabels, mittels dessen im Jahre 1858 ein Telegramm in einer Geschwindigkeit von ungefähr zwei Minuten pro Buchstabe verschickt wurde – was bereits um einiges schneller lief, als derjenige, der seinen Schatten an den teuflischen Mann im grauen Rock verkaufte. Als der Zufall ihn ein Paar »Siebenmeilenstiefel« (S. 110)

---

14 Ich werde später (im Kapitel »Die Ikonomie im Rahmen des Universums«) auf die Geschichte der in den Orbit verlegten, sichtbaren Verkehrswege zurückkommen. Die Geschichte der Leitungskabel hätte eine eigenständige Studie verdient, die sich auf die bahnbrechenden Arbeiten von Nicole Starosielski (*The Undersea Network*, Durham 2015) und von Keller Easterling (»Broadband«, in: *Extrastatecraft. The Power of Infrastructure Space*, New York 2014) stützen müsste. Starosielski legt nahe, dass sich die »neue verdrahtete Geographie«, durch die heute das Internet läuft, mit »einer geopolitischen Matrix von präexistierenden, kolonialen und nationalen Routen« überlagert (S. 30). Wir sehen ein ebenso bezeichnendes wie erschütterndes Beispiel davon in Rithy Pans Dokumentarfilm La Terre des âmes errantes (2000). Der Regisseur hat 1999 drei Monate lang die durch die Firma Alcatel beauftragte Verlegung der ersten Glasfaserkabel in Kambodscha gefilmt, die Südostasien mit China und Europa verbinden. Die barfüßigen, mit Spitzhacken hantierenden Arbeiter erhalten einen Hungerlohn (60 Cent für einen ausgehobenen Meter), und ihre Familien sind oft dazu verdammt, um Essen zu betteln oder von der Ernte zu leben. Auf diese Weise bahnt sich die »Datenautobahn« mühsam ihren Weg, der »der historischen Seidenstraße quer durch Kambodscha folgt«. (Rithy Panh, »La parole filmée. Pour vaincre la terreur«, in: *Communications*, Nr. 71, 2001, S. 377).

finden ließ, machte er sich auf, die ganze Erde kreuz und quer zu durchwandern, und dies in einer Geschwindigkeit, die jener, mit der die Bilder atemlos durch die Kabel oder über die Funkwellen unseres zeitgenössischen ikonomischen Raums strömen, kaum nachsteht: »Ich trat bei den Hercules-Säulen [bei der Straße von Gibraltar] nach Europa über, und nachdem ich seine südlichen und nördlichen Provinzen in Augenschein genommen, trat ich von Nordasien über den Polargletscher nach Grönland und Amerika über« (S. 112). Den Globus kopflos in allen Himmelsrichtungen durchquerend scheinen sich Peter Schlemihls Reiserouten bis zu einer verzweifelten Oszillation zu beschleunigen, sodass er in »die große Kälte« der norwegischen Küste flieht, nur um sich sodann in der Wüste Libyens »in der Sonne zu trocknen« – und umgekehrt: »Ich [...] lief mit unsichern raschen Schritten von Westen nach Osten und von Osten nach Westen. Ich befand mich bald in dem Tag und bald in der Nacht; bald im Sommer und bald in der Winterkälte« (S. 119). Vom Warmen ins Kalte wechselnd, wie man vom Flüssigen ins Feste oder vom Unsichtbaren zum Sichtbaren übergeht, hätte um ein Haar also auch der Mann mit dem mal erstarrten, mal flüchtigen Schatten begonnen, so wie die uns umgebenden Bilder, seine Existenz unter die Ordnung immerwährender Umformatierung zu stellen.

Umwandelnde und erscheinende Bilder jenseits des Menschen

Wie zirkulieren eigentlich die digitalen Bilder, für die Peter Schlemihl eine Allegorie avant la lettre sein könnte? Sie formieren sich oder gerinnen (sie kristallisieren sich, könnte man in Anlehnung an den erstarrten Schatten in Chamissos Erzählung sagen) infolge verborgener, nahezu augenblicklicher Kodierungs- und Formatierungsoperationen. Diese Geheimschrift der Sichtbarwerdung der zeitgenössischen Bilder (was ich ihre *Steganographie* genannt habe[15]) bestimmt namentlich ihre Größe: Jedes Bild kann sich in allerlei Formaten (.jpeg, .png, .gif, .tiff) materialisieren (erstarren), und das in einem mehr oder weniger großen Grad der Komprimierung, der die Daten, die das Bild beschreiben, so zuordnet, dass sie gleichzeitig in hoher und niedriger Auflösung existieren können, das heißt in größeren oder kleineren Versionen ihrer selbst. Und diese verschiedenen Größen bestimmen, wo das betreffende Bild zirkuliert, die Kapazität seiner Verbreitung, seine Geschwindigkeit (ein Bild in hoher Auflösung zu versenden oder herunterzuladen, nimmt, wie wir wissen, mehr Zeit in Anspruch und verbraucht mehr Energie). Kurzum, das digitale, von seinen Umformatierungen nicht zu trennende Bild, ist sich selbst gegenüber (einer anderen Kristallisierung oder einem anderen Zustand von sich selber) immer voraus oder in Verzug.

Aber diese Feststellung reicht nicht aus: Nicht nur existiert dasselbe Bild mehrfach in verschiedenen digitalen Formaten, es wird, wenn es versendet, heruntergeladen und aufgerufen wird, weltweit durch Glasfaserkabel transportiert oder von elektromagnetischen Funkwellen getragen wird, ebenfalls in Datenpakete zerlegt. Teile von diesen gehen anderen Teilen auf den Übertragungskanälen und Verkehrswegen, die die Infrastruktur der zeitgenössischen Sichtbarkeit formen, voraus. Diese Bilder auf der Durchreise, diese *wandernden und sich wandelnden Bilder* (sie wechseln von Bildschirm zu Bildschirm und von einem Zustand in einen anderen) *entwickeln sich laufend zu den Bildern, die sie sind*: Sie verdichten

15 Peter Szendy, *Le Supermarché du visible*, a.a.O., S. 170.

sich, gerinnen und nehmen Form an, aber sind immer auch im Begriff sich aufzulösen, zerlegt und in Segmente verteilt zu werden, die sich um- oder neu formen.

Halten wir einen Augenblick inne, um mitten in diesem ungezügelten Rennen, in das uns Peter Schlemihl hineingerissen hat, zu verschnaufen. Wo befinden wir uns überhaupt? Und warum sind wir ihm gefolgt?

Wir können sagen, dass das Bild, von der plinischen Erzählung des Ursprungs der Malerei bis zu den heutigen digitalen Bildern, ein sich selbst gegenüber immer voraus oder in Verzug befindendes Transformat ist. Aber könnte man, so umfassend und gar atemberaubend die berücksichtigte historische Zeitspanne auch sein mag (von Plinius zum weltumspannenden Internet), nicht dennoch behaupten – wie ich es vorangehend gewagt habe –, dass *jedes Bild* schlicht das provisorisch stabilisierte Differenzial von Geschwindigkeiten ist? Alles in allem sind alle Bilder, die wir bis hierhin berücksichtigt haben auf die eine oder andere Weise mit dem Menschen, der Gestalt des Menschen und mit ihrem menschlichen Bildträger verbunden. Der Schatten bleibt, auch wenn er dabei ist, sich von dem Körper, der ihn auswirft, zu lösen, eine Art Auswuchs (wie die *Hautanhangsgebilde*, also die Nägel, Haare oder Federn der Lebewesen, die Gilbert Simondon, wie wir bald sehen werden, mit Bildern vergleicht[16]).

---

16 Gilbert Simondon, *Imagination et invention (1965–1966)*, Paris 2008, S. 134: »[...] die Haare und die Nägel besitzen die Kraft, die man Extremitäten zuspricht; sie drücken die Einfügung des Körpers in die Außenwelt aus, materialisieren dessen Ränder, seine aktiven Grenzen, und verleihen ihnen einen Ausdruck. Alles was mobil, was sichtbar ist, ist virtuell bereits vom Individuum ablösbar, um seine fortbestehende Kraft, seine Handlungsmöglichkeiten unter Beweis zu stellen. Körperteile, die wie die Haare und die Extremitäten geschmeidig und beweglich genug sind, um zum Ausdruck dienen zu können, werden bevorzugt als Mittler-Objekt auserkoren, welches

Die Bilder, von denen bis jetzt die Rede war, sind weit davon entfernt, all das darzustellen, was unter dem Wort »Bild« subsumiert werden kann. Plinius erwähnt in den letzten beiden Bänden seiner *Naturkunde*, die der Mineralogie gewidmet sind, Bilder, für deren Herstellung der Mensch gar keine Rolle gespielt hat. Er berichtet, dass beim weißen Marmor der Insel Paros, »[a]ls ein einzelner Steinblock durch die Keile der Arbeiter losgesprengt wurde, in seinem Innern das Bild des Silenos zum Vorschein gekommen«[17] ist. Später spricht er davon, dass Pyrrhus einen kostbaren Stein, »einen Achat besessen [hatte], an dem man die neun Musen und Apollon mit der Kithara in der Hand sehen konnte; sie waren jedoch nicht von Künstlerhand geschaffen, sondern die Streifen verliefen nach dem Willen der Natur«, und er fügt hinzu, »daß auch jeder Muse ihr eigenes Abzeichen gegeben wurde.«[18] Diese antiken, aus reinem Zufall entstandenen Bilder verdienten es gewiss, als »Acheiropoíeton« bezeichnet zu werden, ein Begriff, dem wir bei Paulus im zweiten Korintherbrief begegnen, wo er das Himmelreich bezeichnet: »ein Haus, nicht mit Händen gemacht, das ewig ist im Himmel« (2 Kor 5, 1). Das Wort (von griechisch *cheir* für »Hand«) wurde anschließend benutzt, um durch das Wunder der reinen Gnade Gottes geschaffene Bilder, ohne jegliches menschliche Eingreifen, zu bezeichnen.

---

absolute Qualitäten festhält. Die symbolische Funktion steht bei verschiedenen Arten in kontinuierlichem Zusammenhang mit den Hautanhangsgebilden (Adnexen), wie Haare, Federn, Hornbildungen und Drüsen. Denn in diesen kommt die relationale Fähigkeit des Organismus zum Ausdruck, sie existieren fürs Äußere und nach außen als Ausdrucksorgane.«

17 Buch XXXVI, Kapitel 4, in: Plinius, *Naturkunde Lateinisch-deutsch. Sammlung Tusculum*, a.a.O, S. 23.

18 Buch XXXVII, Kapitel 1, in: Plinius, *Naturkunde Lateinisch-deutsch. Sammlung Tusculum*, a.a.O, S. 19.

Es scheint, dass sich eine erste, in diesem ikonologischen Sinne gebrauchte Begriffsanwendung in einer altsyrischen Chronik um 569 n. Chr. finden lässt, die vermutlich von einem als Pseudo-Zacharias bekannten Mönch verfasst wurde, weil er in ihr die *Kirchengeschichte* des Zacharias Rhetor eingefügt hat. Das zwölfte Buch der besagten Chronik schildert, dass in der kappadokischen Stadt Kamulia eine Frau namens Hypatia eines Tages das gemalte Bild Jesu auf einem Leinentuch, das im Garten auf dem Wasser ihres Brunnens schwamm, gefunden hat. Als sie es aus dem Wasser nahm, war das Bild nicht nass. Hypatia verhüllt es mit ihrem Kopftuch und geht los, um es ihrem Lehrer zu zeigen, der sie auf ihre Konvertierung zum christlichen Glauben vorbereitet. Auf dem Weg erzeugt das Bild auf Hypatias Kopftuch eine Kopie von sich. Später bringt eine andere Frau, deren Namen die Chronik nicht nennt, eine zweite Kopie des im Brunnen gefundenen Bildes zu sich nach Hause (unweit von Amasya, im Norden der heutigen Türkei gelegen). Der Chronist merkt an, dass in dieser Region das Bild (*eikon*) *Acheiropoíeton* genannt wird, was »das nicht mit Händen gemachte« bedeutet.[19]

Ob es sich um Maserungen im Stein oder um ein Christusporträt handelt, das Acheiropoíeton bildet *sich* ohne menschlichen Einfluss. Aber im Falle des von Hypatia in Kamulia gefundenen

---

19 Der Text der syrischen Chronik wurde von Ernst von Dobschütz für die »Beilage: Zur Geschichte des Bildes von Kamuliana«, seiner klassischen Studie über die Christusbilder, übersetzt. Siehe *Christusbilder. Untersuchungen zur christlichen Legende*, Leipzig 1899, S. 4**–6**. Vgl. ebenfalls die neue englische Übersetzung von Robert R. Phenix und Cornela B. Horn (*The Chronicle of Pseudo-Zachariah Rhetor*, Liverpool 2011) sowie die Studie von Ernst Kitzinger (»The Cult of Images in the Age Before Iconoclasm«, in: *Dumbarton Oaks Papers*, Nr. 8, 1954), die in der Chronik die erste Anwendung des Begriffs *Acheiropoíeton*, um ein Bild näher zu bestimmen, feststellt (S. 114, Fußnote 127).

Bildes kommt auch sein Abdruck ohne jegliche Manufaktur, Handhabung oder handwerkliche Überholung aus. Das Bild dupliziert *sich* im Verlaufe und angesichts seines Transports, seiner Beförderung woandershin. Seinem Wesen nach übertragbar, beweist es seine Unabhängigkeit nicht nur gegenüber der Umwelt, in das es eingetaucht ist (es wird im Brunnen, in dem es schwimmt, nicht nass), sondern auch gegenüber den Trägern, auf denen es sich vorläufig niederlässt (das Leinen- oder Kopftuch), als ob es sich um einen Abzug handeln würde. Infolgedessen verwundert es nicht, dass sich die Fotografie auf die Vorstellungskraft und sogar die Lexik der christlichen *Achiropoïèse* beruft, während sie seit ihren Anfängen zugleich explizit im Zusammenhang mit der Geschichte des materiell-immateriellen Schattenumrisses steht.[20]

---

20 In seinen Ausführungen über die »photogene Zeichnung«, die sich »ohne die Hilfe des Stifts eines Künstlers« selbst abbildet (sprich indem das zu reproduzierende Objekt direkt vor den lichtempfindlichen Papierbogen gelegt wird), widmet Henry Fox Talbot einen kurzen, aber faszinierenden Abschnitt »der Kunst, einen Schatten zu fixieren«, nämlich dem »Vergänglichsten (*transitory*) aller Dinge«. (*Some Account of the Art of Photogenic Drawing, or The Process By Which Natural Objects May Be Made to Delineate Themselves Without the Aid of the Artist's Pencil*, London 1839, S. 6–7.) Indem er ein Wort aufgreift, das schon bei Plato und Aristoteles auftaucht, bezeichnete Talbot die so erwirkten Bilder als »sciagraphs«, d.h. als Schattenzeichnungen (er spricht in seinen Notizbüchern vom *»sciagraphic process«*: siehe Larry Schaaf, *Records of the Dawn of Photography: Talbot's Notebooks P & Q*, Cambridge 1996, S. xviii). Der schwedische Fotograf Oscar Gustav Rejlander hat 1857 eine Parodie auf die von Plinius geschilderte Szene entworfen: Auf der Fotografie *Das erste Negativbild* posiert der britische Schauspieler John Coleman, während ein junges (uns den Rücken zukehrendes) Mädchen mit einem Stift die Konturen seines auf die Wand geworfenen Schattens umreißt. In *Die helle Kammer* (Frankfurt a.M. 1980, S. 92), fragt sich Roland Barthes, ob »man von ihr [der Fotografie] nicht dasselbe sagen [kann], was die Byzantiner vom Antlitz Christi sagten, das sich auf dem Schweißtuch der Veronika abgedrückt hat, nämlich daß sie nicht von Menschenhand geschaffen sei, *acheiropoíetos*?« Die Fotografie bedient sich also des Wortschatzes der

Da ihr mehrheitlicher Gebrauch nicht bloß die menschliche Behändigkeit, sondern auch die auf das Auge bezogene Bestimmtheit des Bildes übergeht, wird die Fotografie heute mehr denn je zum Acheiropoíeton. Weder Finger noch Augen sind in der Dechiffrierung eines von einem automatischen Erkennungsgerät für Autokennzeichen (wie wir sie mittlerweile überall auf den Autobahnen, an Mautstellen oder auf den Dächer von Polizeiwagen vorfinden) aufgenommenen Bildes involviert. Genauso wenig greifen im Allgemeinen Pupillen oder Hände in Speicherung, Umlauf oder Analyse von Überwachungsvideos ein (ganz gleich ob sie Einkaufspassagen, Flughäfen, Bahnhöfen, U-Bahnstationen, Eingangshallen von Wohngebäuden, Banken oder Automaten entstammen). Und ebenso wenig intervenieren sie in der vollautomatisierten Verwaltung von Lagerung und Auslieferung, die anhand maschineller Wiedererkennung von Verpackungen und Strichcodes erfolgt. Wie der amerikanische Künstler Trevor Paglen schreibt, wird die »überwältigende Mehrheit der Bilder« heutzutage von »Maschinen für andere Maschinen [produziert], ohne dass Menschen an dem Kreislauf beteiligt wären«. Dieser wachsende Teil des Sichtbaren, der sich dem sensomotorischen Einfluss des Menschen entzieht, bildet eine »unsichtbare visuelle Kultur« (*invisible visual culture*).[21]

Acheiropoíeta, aber eine umgekehrte Verwendung trifft ebenso zu: Georges Didi-Huberman spricht bezüglich der Produktions- oder Reproduktionsverfahren der Acheiropoíeta von »Abzug«. (Vgl. *La Ressemblance par contact*, Paris 2008, S. 90). Und in seinem wunderbaren Essay *L'Instant et son ombre* (Paris 2008) weitet Jean-Christophe Bailly den Begriff Acheiropoíeton auf den »fotografischen Effekt der Atombombe« aus, der zum Beispiel »auf einem Stromleitungsmast in der Nähe der Meiji-Brücke den abgedruckten Schatten von Blättern« produziert hat (vgl. dort S. 134f. und S. 136).

21 Trevor Paglen, »Invisible Images (Your Pictures Are Looking at You)«, in: *thenewinquiry.com*, 8. Dezember 2016. Die aktuellen Acheiropoíeta stüt-

Seitdem der Mensch für die Entstehung und zukünftige Entwicklung der Bilder zunehmend an Bedeutung verloren hat, ist es klar, dass wir jene nicht werden denken können, ohne die zentripetale Bewegung zu unterbrechen, die unablässig dafür sorgt, dass sie ständig um uns kreisen. Um diesen Menschen fliehenden Ausstieg einzuleiten, um einen über die beschränkte Ikonomie der von und für Menschen produzierten Bilder hinausgehenden Schritt zu entwerfen, beabsichtige ich hier die Möglichkeiten für eine Ökologie der Bilder zu erkunden. Entscheidend wird für mich dabei die Frage sein, ob das Bild *im Allgemeinen* ein Transformat,

---

zen sich dabei auf Arbeitskräfte, von denen man das entfremdete, zweckgebundene Handeln ihrer *Handarbeit*, die *weniger wert* ist, als die künstliche Intelligenz der Maschine, ausbeutet. (Vgl. Antonio Casilli, *En attendant les robots. Enquête sur le travail du clic*, Paris 2019.) »Klickfarmen«, in denen hunderte Telefonbildschirme und tausende Simkarten versammelt sind, sind die Orte, an denen heutzutage die Fließbandarbeit der Sichtbarkeit geleistet wird. Das *Clickworkers* (2017) betitelte Video von Martin Le Chevallier zeigt dies eindringlich und unverfälscht, indem es alljenen eine Stimme leiht, deren tägliche Arbeit dazu beiträgt, die Bilderzirkulation zu organisieren und zu verwalten: Jedes Mal eine feste Einstellung eines leeren Zimmers begleitend, erzählt die gleiche weibliche Off-Stimme in einem bewusst monotonen Tonfall Bruchstücke einer fiktiven, aber überaus realen Autobiografie. »Ich bin eine Taggerin«, verkündet Magda aus Krakau in Polen: »Ich markiere Bilder auf meinem Computer. [...] Ich arbeite zehn, fünfzehn, manchmal zwanzig Stunden am Tag. Aber ich verdiene nicht mal so viel wie ein Arbeiter. Ich sehe mir pornografische Fotos und Bilder von Enthauptungen an, solche Dinge, und ich markiere sie. Ich vesehe sie mit einem Tag. Ich kennzeichne sie. Terrorismus, Gewalt, Pädophilie. Ich vermute, dass die Bilder anschließend entfernt oder zensiert werden. Aber ich weiß darüber nichts, ich kann es nicht wissen.« Später wird die Stimme zu der einer anderen Frau, zu der von Rihaa aus Dhaka in Bangladesch. Sie spricht von dem »kleinen Team«, zu dem sie gehört: »Wir führen hunderte von Benutzerkonten und wir verteilen Likes. Wir verkaufen die Likes in Tausenderpaketen. Kiloweise Likes. Wir verbringen unserer Zeit damit zu liken [...]. Wir klicken auch auf Videos, auf tausende Videos. Wir sehen ohne hinzusehen. Stunden, Tage, ein ganzes Leben lang Videos, von denen wir behaupten, wir hätten sie gesehen.«

ein Differenzial der Geschwindigkeiten ist, sich selbst gegenüber voraus oder in Verzug befindet. Wir werden uns also fragen, ob das Bild unterhalb oder jenseits des Menschen und den ihn betreffenden Zeitlichkeiten noch als wesentlich und strukturell der Heterochronie zugehörig, das heißt, als Resultat einer zeitlichen Spannung oder Dehnbarkeit, als Resultat eines *Tonus* (vom griechischen *tonos*, wie man zum Beispiel von einer gespannten Saite oder von einer Muskelfaser spricht), verstanden werden kann.

Es wird darum gehen, diesen Gedanken des unter Spannung stehenden Bildes – oder, wenn man es vorzieht, des Tons der Bilder – zu erproben, indem wir uns auf das Feld wagen, das ich eine *Ikonomie des Nichtmenschlichen* nennen werde. Aber bevor wir uns daran machen, drängt sich ein kurzer Umweg über eine vor nicht langer Zeit entstandene Idee auf.

Die Ökologie der Bilder: eine gescheiterte Idee?

Sollte oder kann unser Versuch, den Bereich einer anthropozentrischen Ikonomie zu verlassen, tatsächlich im Zeichen einer Ökologie der Bilder beschrieben werden? Wenn es wahr ist, dass die Ökologie, seit Haeckel diesen Begriff geprägt hat, zuallererst eine Naturökonomie ist, laufen wir damit nicht indirekt (»klammheimlich« hätte mein Grossvater Imre gesagt) Gefahr, den Anthropozentrismus, von dem wir gerade wegkommen wollten, von Neuem einzuführen? Wenn man von einer Ökologie der Bilder spricht, entscheidet man dann nicht bereits im Voraus, dass ihre Bedeutung *nur uns* betrifft? Ausgehend von unseren bei der Lektüre der Erzählungen über den Schatten bei Plinius und Chamisso gewonnenen Erkenntnissen will ich in der Tat versuchen, eine Ökologie der Bilder auf andere Weise zu begreifen, das

Bild als Heterochronie, als Differenzial von Geschwindigkeiten zu denken.

Zuerst müssen wir uns indes über die Hinterlassenschaft klar werden, vor der wir stehen, wenn wir von einer Ökologie der Bilder sprechen, wenn wir diese Formulierung gebrauchen. Woher stammen diese Wörter? Ich kenne nur einige, nicht lange zurückliegende und zudem seltene Verwendungen des Ausdrucks, die kaum über einen suggestiven Hinweis hinausgehen. Auch hat sich noch nicht wirklich ein Forschungsfeld gebildet, das diesen Namen verdient. Susan Sontag war meines Wissens nach die erste, die die Idee vorbrachte, dass »es nicht nur einer Ökologie der realen Dinge bedürfen [wird], sondern auch einer Ökologie der Bilder«. Dies sind die allerletzten Zeilen in ihrem Essay von 1977 über die Fotografie, sodass es bei diesem Vorschlag blieb.[22] Allerhöchstens kann man aus den Absätzen, die diesem Schlusspunkt vorausgehen, schließen, dass eine Ökologie der Bilder dazu aufgerufen wäre, ein Antidot für die dem Konsum verfallende Logik eines unendlichen Überflusses an Bildern (»das Bedürfnis nach mehr und mehr Bildern«, schreibt Sontag) zu sein. Ein Gegenmittel, dass sich als notwendig erweist, selbst wenn die Bilder nicht durch einen Rückgang oder eine Aufzehrung bedroht sind, selbst wenn – oder gerade weil – ihr Vorrat unendlich ist: »Und gerade weil sie eine unerschöpfliche Quelle sind, die keine noch so ungehemmte Konsumgier erschöpfen kann, besteht umso mehr Grund, sie zu erhalten.« Aber wenn Sontag auf genau diese Idee zurückkommt und ein Jahr vor ihrem Tod in dem 2003 veröffentlichten Essay *Das Leiden anderer betrachten*[23] den Ausdruck erneut aufgreift, wenn sie konstatiert, dass wir einer »Flut von

---

22 Susan Sontag, *Über Fotografie*, München 1978, S. 172.

23 Susan Sontag, *Das Leiden anderer betrachten*, München 2003, S. 125f.

Bildern« ausgesetzt sind, »die uns früher erschüttert und empört haben«, und wenn sie beklagt, unser »Mitgefühl werde ständig überfordert und erlahme deshalb«, so um unmissverständlich zu schlussfolgern, dass es *keine Ökologie der Bilder geben wird*, dass niemand den »Schrecken rationieren« bzw. niemand darauf achten wird, dass »ihm seine Fähigkeit zu schockieren erhalten bleibt«, kurzum, dass selbst die Idee vor den Bildern geschützt zu werden hoffnungslos ist.

Unterdessen, zwischen der späten Geburt der Idee einer Ökologie der Bilder und ihrer überstürzten Abdankung, hatte der Soziologe Andrew Ross 1992 die von Sontag hervorgerufene Idee erweitert. In einem »The Ecology of Images« betitelten Essay beschäftigte er sich mit den Bildern des Zweiten Golfkriegs und insbesondere mit den Luftbildern von der Ölpest, die sich damals im Persischen Golf verbreitet hatte. Diese spielte tatsächlich eine wichtige strategische Rolle, da die irakischen Streitkräfte ein amerikanisches Anlanden zu verhindern suchten, indem sie die kuwaitischen Ölfelder aufsprengten. In Anbetracht dessen begann ein Propaganda- und Bilderkrieg: In der amerikanischen Presse, vor allem auf CNN, kam es zu einer Durchmischung oder Überlagerung von militärischer und ökologischer Bedrohung, wobei der Ölteppich letztlich implizit für die »Unheil verkündende und unvermeidliche Ausbreitung des arabisch-islamischen Nationalismus«[24] stand.

Infolgedessen und um besser ihre Wechselwirkungen zu berücksichtigen, schlägt Ross vor, zwischen »Bildern der Ökologie« und einer »Ökologie der Bilder« zu unterscheiden.[25] Erstere,

24 Andrew Ross, »The Ecology of Images«, in: *The South Atlantic Quarterly*, Vol. 91, Nr. 1, 1992; wiederveröffentlicht in: *Eloquent Obsessions. Writing Cultural Criticism*, Durham 1994, S. 187.
25 Ebd., S. 189.

schreibt er, bilden einen »Typus von Bildern«, deren Aufnahmen wohl bekannt sind: »einerseits Qualm spuckende Schlote, ölverschmierte Seevögel, mit dem Bauch nach oben schwimmende Fische, Staus in Los Angeles und Mexiko Stadt, kahlgeschlagene Wälder; andererseits das erlösende Repertoire pastoraler Bildwelten, gekrönt vom ultimativen globalen Spektakel der fragilen, vulnerablen Kugel des Raumschiffs Erde.«[26] Nachdem er diese Bilder der Ökologie angeführt hat, fragt sich Ross, was hingegen eine Ökologie der Bilder sein könnte, sprich »ob die Bilder eine Ökologie besitzen, die ihnen eigen ist«. Dies bringt ihn dazu, die »gesellschaftliche und industrielle Organisierung von Bildern« zu bedenken, und zwar wie »Bilder in der modernen elektronischen Kultur produziert, vertrieben und benutzt werden«.

Hier wird Sontags Vorschlag Gegenstand einer scharfen Kritik: Indem sie die »Bilderüberfrachtung in unserer modernen Informationsgesellschaft« beklage, indem sie die enorme Vervielfältigung der Bilder beschuldige, »die Realität *auszulaugen*«, übergehe sie Fälle, so Ross, in denen es doch gerade die Bilder seien, die es erlauben würden, »das materielle Verschwinden der Realität« zu bekämpfen und »der Vernichtung der Natur entgegenzuwirken«.[27] Sontags Vorschlag sei letztlich »enttäuschend«, weil er sich der Möglichkeit, dass *die Bilder gegenüber ihren Auswirkungen selber eine Widerstandskraft besitzen*, versperre und dem Gemeinplatz des »Informationsexzesses« erliege. Rückblickend könnte man ausgehend von den Standpunkten einiger Veröffentlichungen jüngeren Datums sagen, dass die kritische

---

26 Ebd., S. 190.
27 Ebd., S. 193, 197.

Debatte zwischen Ross und Sontag Teil einer »Ökologie der Aufmerksamkeit« ist.[28]

Im Verlaufe seines Plädoyers für die militante Kraft von Bildern der Ökologie, erwähnt Ross fast beiläufig, was er »die chemische Untermauerung der Filmökonomie«[29] nennt. Er eröffnet durch diese Erwähnung – zumindest einen Spaltbreit – noch eine andere Perspektive auf die Ökologie der Bilder, die nach den direkten Auswirkungen der massiven Bilderproduktion und -zirkulation auf die Umwelt fragt. Viele neuere Studien haben bestätigt, wie sehr dieses vermeintlich immaterielle Universum, in dem formatierte Bilder als .jpeg oder .mp4 ausgetauscht werden, in Realität alarmierende materielle, ökologische und geopolitische Auswirkungen hat. Die Rechenzentren müssen gekühlt werden, die Kabel bringen die Ökosysteme, die sie durchqueren, durcheinander, das Recycling der Bildschirme setzt Gifte frei, der Abbau der für die Batterien oder Mikrochips notwendigen Metalle leitet Wasserläufe um oder verunreinigt das Grundwasser, zerstört den Meeresgrund und verschärft Logiken neokolonialer Ausbeutung... Inmitten von Ölteppichbildern (wie jenen aus dem Zweiten Golfkrieg) und der lumineszierenden digitalen Bilderflut, die unablässig vorüberzieht, müsste der Entwurf einer Ökologie der Bilder, der Andrew Ross' Intuition weiterführt, so weit gehen, die »tiefe Zeit« (*deep time*) mit einzubeziehen, das, was Jussi Parikka eine »Geologie« oder eine »Geophysik« der Medien nennt: Die zeitgenössische Ikonomie wäre ohne die Metalle oder Metalloide, wie das für die Batterien verwendete Lithium, das Indium für die Flüs-

---

28 Vgl. die bemerkenswerte Synthese zu diesem Thema in: Yves Citton, *Pour une écologie de l'attention*, Paris 2014.

29 Ross, »The Ecology of Images«, a.a.O., S. 196.

sigkristallbildschirme oder das Germanium für die Glasfasern, nicht möglich...[30]

Das Mycel der Ikonogenese

Unter all den unterschiedlichen Perspektiven, die mit dem Projekt einer Ökologie der Bilder übereinstimmen oder davon kritisch abweichen, gibt es meines Wissens nach eine, die relativ unerforscht geblieben ist: die Perspektive einer langen Zeitdauer, die man vorübergehend – und ohne sich vorläufig zu viele Frage zu stellen – die Perspektive der durch die Natur produzierten Ikonogenese nennen kann. Ein Beispiel dafür (und dieses Beispiel hätte mir mein Großonkel Imre vorsagen können) sind die Muster, die sich auf den Flügeln eines Schmetterlings entfalten. Die Zeitspanne, mit der wir von nun an zu tun haben, ist weder Teil der kurzen oder relativ kurzen Zeit, der von Menschen verfertigten Bilder (ganz gleich ob von Hand oder durch zuerst analoge, dann digitalen Maschinen), noch Teil der tiefen Zeit, also der mineralischen Zeit der geologischen Grundstoffakkumulierung (Metalle, fossile Energien...), die für die industrielle oder postindustrielle Zirkulation dieser nämlichen Bilder notwendig

---

30 Vgl. Jussi Parikka, *A Geology of Media*, Minneapolis 2015, insbesondere S. 52, auf der der Autor sorgfältig seinen Ansatz von jenem des Medienarchäologen Siegfried Zielinski unterscheidet, welcher sich ebenfalls auf die »tiefe Zeit« bezieht, aber damit den urgeschichtlichen Komplex der modernen Medien, wie er sich beispielsweise schon bei den »Alchemisten des Mittelalters« bildete, bezeichnet. Jussi Parikka seinerseits plädiert für »eine alternative Tiefenzeit« (*an alternative deep time*), die »eine Geophysik der Medienkultur« miteinbezieht. Für eine Übersicht über die ökologischen Herausforderungen der zeitgenössischen Medien, siehe Sean Cubitt, *Finite Media. Environmental Implications of Digital Technologies*, Durham 2017.

ist. Die Zeitspanne der Bilder, von der ich gerne einige Aspekte untersuchen möchte, ist vielmehr die lange Zeitspanne der *natürlichen Entstehung der Bilder; zwischen ihnen und von ihnen selber ausgehend.* Es handelt sich mit einem Wort darum, den Weg einer allgemeinen Ikonomie zu ebnen, die vielleicht mit Leitgedanken aus der Tiefenökologie[31] übereinstimmt.

Was bedeutet dies?

Um uns dieser über einen langen Zeitraum entstandenen Ikonogenese zu nähern, blicken wir zuerst auf das bemerkenswerte posthume Werk *Imagination et invention* von Gilbert Simondon, das seine 1965–1966 an der Sorbonne gehaltenen Vorlesungen enthält. Bereits in der »Vorbemerkung« wird das Thema zufolge einer doppelt paradoxalen Geste, die das Interesse, die Spannung – eben den *Ton* – des Vorhabens Simondons ausmacht, zugleich eingegrenzt und erweitert: »Das geistige Bild«, schreibt er, »muss innerhalb des Subjekt-Lebewesens als relativ eigenständiger Bereich aufgefasst werden«.[32] Es geht folglich nicht um das Bild im Allgemeinen: Die Vorlesungen stellen eine Verbindung mit einem Bereich, mit einer im Lebewesen begrenzten ikonischen Enklave her, wobei diese Enklave – und hier haben wir die Erweiterung, die sogleich die Begrenzung aufwiegt – eine relative Unabhängigkeit zugeschrieben bekommt. Anders ausgedrückt, könnte der Bereich der in uns eingeschlossenen geistigen Bilder eben über das, was er beinhaltet, hinausgehen, und dies könnte sich als viel weitgehender und umfassender erweisen als der ikonische Behälter, den wir und alles Lebendige darstellen. (Es ist

---

31 Wie sie von Arne Naess entworfen wurde: »The Shallow and the Deep, Long-Range Ecology Movement«, in: *Inquiry. An Interdisciplinary Journal of Philosophy*, Vol. 16, Nr. 1, 1973, S. 95–100.

32 Simondon, *Imagination et invention (1965–1966)*, a.a.O., S. 3.

nicht unbedeutend, dass Simondon die Frage, ob das »Subjekt-Lebewesen« als Träger von Bildern menschlich ist oder nicht, offen und bewusst in der Schwebe lässt.)

Nun, und das ist der Kern von Simondons Vorschlag, tritt diese autonome, aber über sich hinausgehende Enklave, die das geistige Bild (Werk der »reproduktiven Einbildungskraft«) darstellt, nicht als eine simple Sammlung von in uns gespeicherten und angehäuften Bildern auf. Sie folgt einer zyklischen Bewegung, einem »Bildzyklus«, der aufeinanderfolgende »Phasen« durchläuft, die »einen einzigen Entstehungsprozess [konstituieren], der in seinem Ablauf mit anderen Entstehungsprozessen, die uns die lebendige Tier- und Pflanzenwelt vorführt, vergleichbar ist – nämlich Phylogenese und Ontogenese« (S. 3). Anders gesagt zeigt Simondon nicht bloß, dass alles Lebendige die Bilder, die es durchqueren, formen und modellieren, im Gegenzug aufblühen lässt, sondern dass genau diese Bilder, auch und insbesondere, das Resultat der Transformierungen und Metamorphosen sind, deren Gesetze der Evolution der gesamten Lebewesen (Phylogenese) und der Einzelwesen (Ontogenese) ähneln.

Vom »geistigen Bild«, von diesen sich ständig wandelnden und zyklischen, ikonischen Gebilden zu sprechen, die in uns und in allem Lebendigen aufblühen und verkümmern, bedeutet, ein Vokabular zu verwenden, das sich als irreführend herausstellen könnte. Nicht zuletzt weil, wie Simondon selber anmerkt, der »geistige Inhalt, der sich im Bewusstsein befindet« allerhöchstens einem »ausnahmehaften Aufscheinen« gleichkommt. Was die Ikonogenese auf lange Sicht betrifft, regt Simondon durch eine fortgesetzte Metapher aus der Pilzkunde an, ist nicht wirklich »der sichtbare Teil des Pilzes«, also die Bilder, die im bewussten Leben zum Vorschein kommen, sondern vielmehr »der Unterbau, der sie trägt«, das heißt das »Mycel«, diese Gesamtheit aller vergrabenen Fäden, die, ohne aus dem Boden hervorzutreten, »nichtsdestotrotz wuchern« (S. 4). Wenn die Vorbemerkung von *Imagination et invention* folglich unter dem Zeichen des geistigen Bildes »innerhalb des Subjekt-Lebewesens« stand, wird schnell deutlich, dass sich das Bild, um das es sich in der Folge handelt, auch und sogar überwiegend »weigert, den Entschlüssen des Subjekts Folge zu leisten und *sich aus eigener Kraft darstellt,* sich in das Bewusstsein bohrt, wie ein ungebetener Eindringling, der die Hausruhe stört« (S. 7). Die Ikonogenese befolgt ihre eigenen Regeln, während sie gleichzeitig schmarotzend *durch das Subjekt strömt.*

Simondon erinnert sich dann an jene, die er »die hartgesottensten Rationalisten unter den antiken Philosophen« nennt, das heißt die Verfechter eines Materialismus des Bildes, wie Lukrez, der in seinem *De rerum natura* (Viertes Buch, 50–51), die Entstehung der Bilder ausgehend von den »Bildern der Dinge« (*simulacra*) erklärte, nämlich von den »Häutchen und [der] Rinde« (*membranae vel cortex*), die sich von den Dingen lösen. Weit davon entfernt Lukrez' (das heißt die epikureische) Theorie als eine nur noch für Historiker der griechischen Philosophie interessante Kuriosität vom Tisch zu fegen, sieht Simondon in dieser Theorie der »physikalischen Ursachen« des Bildes eine weitere Bestätigung für den »Anspruch [des Bildes] nach Äußerlichkeit und relativer Subjektunabhängigkeit« (S. 8). Der Status des Bildes, sagt er, ist der eines »Quasi-Organismus«, der eines Virus oder eines parasitären Wirts, der »im Subjekt beheimatet ist und sich dort entfaltet« (S. 9).

Um diese beinahe virale Materialität und Reproduzierbarkeit des Bildes zu erfassen, benutzt Simondon zunächst mehrere Analogien: Das Bild »besitzt eine gespenstische Kraft« – es »bedrängt das Subjekt«, es dringt in es ein, »wie es von Gespenstern heißt, sie könnten durch Wände gehen« (S. 8) – und es bildet schließlich so etwas »wie Fremdlinge in einem sonst wohlorganisierten Staat« (S. 9). Aber um die sich ständig wandelnde Dichte der Bilder zum Ausdruck zu bringen – denn »jedes Bild besitzt ein Eigengewicht, eine gewisse ihm eigene Kraft« (S. 10) –, überlassen diese erscheinenden spektralen Formen oder wandernden Fremdlinge schon bald und vollständig ihren Platz jenem, der weiter das zentrale und vorherrschende Paradigma dieses Diskurses der Ikonogenese bleiben wird, dem lebendigen Organismus. Simondon kommt beharrlich darauf zurück. Insbesondere in dieser wesentlichen Textstelle, die wir in Gänze zitieren müssen (S. 18):

> Ontogenetische Forschungen haben ergeben, dass die Wachstumsprozesse nicht alle Organe und funktionalen Systeme eines Lebewesens gleichermaßen betreffen. Bei jedem dieser partiellen Wachstumsprozesse existieren gegenüber den anderen Phasenverschiebungen und verschiedene Geschwindigkeiten, vor allem bei komplexen Organismen, so dass schwer zu sagen ist, wann ein Organismus völlig erwachsen wird. Im Übrigen verlaufen Wachstums- und Entwicklungsprozesse in Etappen und Zyklen, die durch Übergangsperioden, in denen eine Entdifferenzierung stattfindet, getrennt sind, worauf eine erneute Reorganisation folgt. [...] Geistigen Bildern [...] könnte so eine spezielle Entstehungsdynamik eigen sein, die der eines Organs oder eines Systems von sich herausbildenden Organen durchaus vergleichbar wäre.

Simondon sagt zusammenfassend, dass sich das Bild tatsächlich wie ein Organismus verhält. Und für das, was mich hier interessiert, ist diese Textpassage wesentlich. Indem Simondon dort eine Analogie zwischen der Ontogenese (der Entwicklung, dem

Wachstum eines Individuums) und dem, was ich weiter Ikonogenese (die »entwicklungsgeschichtliche Dynamik« der Bilder[33]) nennen werde, herstellt, legt er – wir haben es gerade gelesen – den Schwerpunkt auf die Unterschiede der Phasen (auf die »Phasenverschiebungen«) oder auf die Unterschiede der Geschwindigkeiten, welche – alle beide – die Bilder bearbeiten.

Einige Seiten vorher (S. 13) hatte Simondon dieser Idee eines Bild-Organismus, der in seiner Entwicklung von voneinander abweichenden Zeitlichkeiten hin- und hergezogen wird, einen besonders erstaunlichen Zug verliehen. Er schreibt dort, im Vokabular der Entwicklungsbiologie: »Die Bildobjekte sind Quasi-Organismen oder zumindest Keime davon, und sie sind imstande, im Subjekt aufzugehen und sich dort zu entwickeln.« Und er fügt hinzu (Hervorhebungen von mir): »Selbst außerhalb des Subjekts [...], vermehren, verbreiten und reproduzieren sie [diese Bildobjekte] sich *im neotenischen Zustand*, bis sie irgendwann Gelegenheit erhalten, erneut übernommen und *in das bildliche Stadium* überführt zu werden.«

Was ist also dieser geheimnisvolle »neotenische Zustand« der Bilder? Und was ist ihr »bildliches Stadium« (»*Imago*-Zustand«)? Was geben sie uns zu denken?

Millionen Jahre andauerndes Zeichnen

Versuchen wir zunächst zu verstehen, was Simondon wohl meint, wenn er von einer Neotenie der Bilder spricht.

---

33 In seiner kurzen, aber exzellenten Zusammenfassung schlägt Emmanuel Alloa seinerseits den Begriff »eikogenèse« vor. Siehe »Prégnances du devenir: Simondon et les images«, in: *Critique*, Nr. 816, 2015, S. 370.

Das Wort *Neotenie* wurde 1884 von dem deutschen Anatom Julius Kollmann zur Beschreibung jener Organismen geprägt, die im erwachsenen Zustand »an der embryonalen Form [festhalten]«.[34] Kollmann erklärt, dass sich das Wort aus zwei griechischen Wortstämmen zusammensetzt: νέος (*neos*) »jung« und τείνω (*teinō*) »halten, hinhalten«. Ein klassisches Beispiel für die Neotenie ist das Weibchen des Großen Leuchtkäfers (*Lampyris noctiluca*), das das fortpflanzungsfähige (sein Leuchten ist gerade das, was die Männchen anzieht) Erwachsenenalter erreicht und gleichzeitig dem Larvenstadium eigene Merkmale behält. Es besteht eine Spannung zwischen seiner erwachsenen Fähigkeit zur Fortpflanzung und dem Fortbestehen von larvalen Merkmalen, wie die Abwesenheit von Flügeln (im Gegensatz zu den Männchen der gleichen Art). Von einem neotenischen Zustand der Bilder zu sprechen, wie es Simondon tut, bedeutet also mittels einer Analogie aufzuzeigen, dass es etwas gibt, das von sich aus das Bild zwischen verschiedenen Zuständen streckt oder hin- und herzieht. Das neotenische Bild wäre sozusagen ein zwischen einem erwachsenen und einem larvenartigen Zustand zerrissenes Bild. Sein *Haltung* könnte die Spannung eines *Hinhaltens* [*tenie*] sein.

Das Bild, würde ich als fortgesetzte Metapher der Biolumineszenz sagen, ist das, was strahlt. Das, was von einer Zeitdifferenz aus erscheint, von dem, was man – dieses Mal in Anlehnung an das von Ernst Haeckel 1875 vorgeschlagene Wort – eine *Heterochronie* nennen könnte. Haeckel hatte diesen Neologismus im Rahmen seiner Biogenetischen Grundregel[35] geprägt: Ihm zufolge

34 »Das Ueberwintern von europäischen Frosch- und Tritonlarven und die Umwandlung des mexikanischen Axolotl«, in: *Verhandlungen der naturforschenden Gesellschaft in Basel*, Band 7, Heft 2, 1884, S. 391.

35 Ernst Haeckel, *Anthropogenie oder Entwicklungsgeschichte des Menschen*, Leipzig 1877, S. 11. Zur komplexen Geschichte des Konzepts der Hetero-

ist die Ontogenese (die Entwicklung des einzelnen Lebewesens) eine gedrängte Wiederholung der Phylogenese (seiner Stammesentwicklung), wenn auch mitsamt Phänomenen der »Verschiebung«, also einer Beschleunigung oder Verzögerung im Parallelismus der beiden (im Verlauf seines Wachstums könnte das einzelne Lebewesen gewisse Merkmale früher oder später als in der artgeschichtlichen Reihenfolge vorgesehen entwickeln). Die Heterochronie ist summa summarum eine vorzeitige oder eine abweichende Entwicklung (unter Umständen auch für immer abweichend, wie im Falle der Neotenie der weiblichen Großen Leuchtkäfer, die sich fortpflanzen, ohne jemals alle Merkmale des Erwachsenstadiums zu erlangen).

Ein besonders erstaunlicher Fall einer heterochronischen, zeitversetzten Entwicklung liefert die Studie, die August Weismann 1876 der Entstehung der Zeichnungen und farbigen Formen der Schmetterlingsraupen gewidmet hat.[36] Die ontogenetische Entwicklung der Raupe, also der Larve, des mittleren Weinschwärmers (*Chaerocampa elpenor*) benötigt etwas weniger als einen Monat bis zum Stadium der Verpuppung. Man sieht zunächst, wie sich seine dünne weiße Subdorsallinie nach oben biegt, sodann wie eine schwarze Linie nach und nach diese Biegungen betont und einrahmt, bis sie schließlich »den Eindruck eines großen Auges erweckt« – was die Naturforscher einen Ocellus nennen –, während die weiße Linie fast komplett verschwindet.

---

chronie innerhalb der Evolutionstheorie, siehe Stephen Jay Gould, *Ontogeny and Phylogeny*, Harvard 1977, S. 82f.

36 August Weismann, »Die Entstehung der Zeichnung bei den Schmetterlings-Raupen«, in: *Studien zur Descendenz-Theorie*, Band II, Leipzig 1876, S. 1–137. Ich zitiere aus der Zusammenfassung dieser Studie, die Weismann selber formulierte. Vgl. *The Evolution Theory*, Vol. II, London 1904, S. 177–185.

Weismanns Hypothese ist nun, dass einige dieser Zeichnungen, die sich auf dem Körper des Insekts entwickeln, in der Vergangenheit eine Schutzfunktion durch Mimikry oder durch Abschreckung besaßen. Die »weißen längslaufenden Linien« beispielsweise »vergrößern die schützende Ähnlichkeit« der mit ihrer Umwelt verschmolzenen Raupe, »indem sie die grellen Lichtreflexe auf Grashalmen imitieren«. Die Flecken, die »die Augen eines größeren Tieres nachahmen und eine ›furchteinflößende‹ Wirkung haben«, schrecken die Fressfeinde ab (S. 177f.). Diese schützenden Funktionen, erklärt Weismann, haben sich allerdings im Laufe der Zeit weiterentwickelt: »Die Vorgänger dieser *Chaerocampa*-Art besaßen längslaufende Streifen im Erwachsenenstadium«, die sie durch die Anpassung an die umgebenden Gräser schützte; »später aber, als die Spezies in einen Lebensraum mit größeren Blättern umsiedelte, haben sich zwischenzeitlich die *Ocellen* (*eye-spots*) entwickelt« (S. 180). Die Entwicklung des Streifens, der sich beim einzelnen Lebewesen nach oben biegt und dann in einem Kreis endet, der die Zeichnung eines Auges formt, würde so die Entwicklung der Art im Kleinen wiederholen. Einige Seiten weiter, während er verschiedene Raupen der Gattung *Deilephila* (aus der Schmetterlingsfamilie der Schwärmer) vergleicht, schreibt Weismann dann, dass »die ersten Exemplare [...] nur longitudinale Streifen hatten«, von denen ausgehend »kleine Abschnitte getrennt wurden, um kreisförmige Flecken zu formen und [...] die schrittweise erst perfektioniert, dann verdoppelt wurden, während gleichzeitig der originale Streifen, nämlich der längsverlaufende, immer weiter nach hinten ins Jungtierstadium verschoben wurde, bis er ganz verschwindet« (S. 183).

Beim Beobachten der Entwicklung einzelner Lebewesen (Ontogenese) dieser Raupen ist es, als ob wir im Zeitraffer den sich verändernden Verlauf von Streifen und Formen zusehen, der viel-

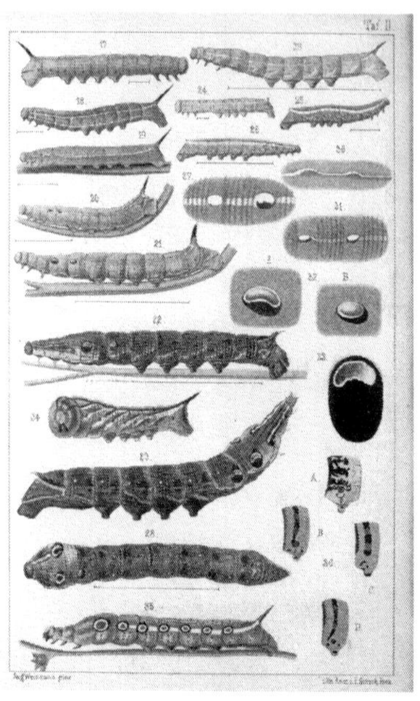

August Weismann, *Entwicklung der Zeichnung bei der Chaerocampa Elpenor,* aus: *Studien zur Descendenz-Theorie,* Bd. II, Leipzig 1876.

leicht dutzende Millionen Jahre gebraucht hat sich abzuzeichnen (die ersten Schmetterlingsfossilien scheinen aus dem Unterjura zu stammen, sind also ungefähr 190 Millionen Jahren alt).[37]

Nach diesem kurzen Umweg über die Ontogenese und Phylogenese der mimetischen Raupen – der uns erlaubt haben wird, besser zu verstehen, was Neotenie und, allgemeiner, Heterochronie bedeuten – kommen wir auf Simondon zurück, der seinerseits von »geistigen Bildern« oder »Bildobjekten« sprach.

---

37 *Evolution of the Insects,* Texte zusammengestellt von David Grimaldi und Michael S. Engel, Cambridge 2005, S. 556.

Die Häutungen des Bildes

In der von uns vor einigen Seiten diskutierten Textpassage regt Simondon an, dass die Bilder von ihrem unvollendeten oder vorzeitigen, also »neotenischen Zustand« hin zu einem »bildlichen Stadium« (»*Imago*-Zustand«) streben. Anders ausgedrückt, gibt es für ihn einen Moment in der Existenz eines Bildes, der dem Larvenzustand des (in seinen Worten) »embryonalen Keims« – ich komme sogleich darauf zurück – bei den Lebewesen entsprechen würde, welcher dazu aufgerufen ist, sich anschließend zu entwickeln, um »reife Bilder« (S. 19) hervorzubringen. Was folglich der Ausdruck »bildliches Stadium« bezeichnet, ist genau dieser »vollständig erwachsene Zustand« (S. 18).

Seit Linné bezeichnen die Naturforscher das allerletzte Entwicklungsstadium eines verschiedene Metamorphosen durchlaufenden Lebewesens tatsächlich als *Imago*: Bei den schmetterlingsartigen Lebewesen ist die *Imago* zum Beispiel der aus der verpuppten Raupe (Larve) entstandene Schmetterling.[38] Die lexikalische Wahl Simondons von einer *Imago* – einem »Imago-Zustand« – *des Bildes* zu sprechen ist sonderbar redundant. Aber dies ist nur scheinbar ein tautologischer Effekt: Das Bild kann ein embryonaler Keim sein, weil es noch nicht vollständig zum Bild geworden ist. Und wenn man sagen kann, dass es sich anschließend bis hin

---

38 Es wäre der Mühe wert, sich zu fragen, warum Linné den Begriff *Imago* wieder aufgriff, um ihn zum ersten Mal in einer sich alsdann entwickelnden wissenschaftlichen Bedeutung – nämlich hinsichtlich des letzten Verwandlungsstadiums der Insekten (*Systema naturae*, I. ii, 1767, S. 534f.) – zu verwenden, wo *Imago* bis dahin die aus Wachs geformten Totenmasken der verstorbenen Vorfahren aristokratischer Familien im antiken Rom bezeichnete. Simondon erwähnt »die Begräbnisfeierlichkeiten im alten Rom« und »die Porträts, die Statuen, die *Imagines* der Vorfahren« (S. 132).

zu einem erwachsenen Zustand entwickelt, dann weil es vollständig zu dem Bild wird, das es vorher noch nicht war. Die *Imago* des Bildes, der Imago-Zustand des Bildes, wäre das vollständig entwickelte und vollendete Bild, das ganz und gar ausgebildete Bild.

Diese Formulierungen haben gewiss den Vorteil, auf frappierende Weise den heterochronischen Charakter des Bildes, seine differenzielle Zeitlichkeit und Tonalität hervorzuheben (die Tatsache, dass es sich selbst vorausgeht oder sich selbst gegenüber in Verzug befindet, ein wenig wie der seinen Schatten verfolgende Peter Schlemihl). Doch haben diese Formulierungen auch, im Sinne des mich hier interessierenden Standpunkts, das Manko, ein Ziel, eine Teleologie vorauszusetzen, die diesen Prozess der Ikonogenese ausrichtet. Denn für Simondon ist das Bild als Ausdruck einer Spannung oder Veranlagung (einer *Ausdehnung* [*tenie*]) dazu bestimmt, einen genetischen Zyklus zu durchlaufen, der eine Ausrichtung, einen Sinn besitzt. Dieser ikonogenetische Zyklus beinhaltet im Wesentlichen drei Phasen. 1.: Das Bild existiert zunächst im »freien Zustand« oder ungebunden. Es »entwickelt sich [...] selbstbezüglich« wie ein »embryonaler Keim motorischer und perzeptiver Tätigkeit«. Anhand des Beispiels von Körperbewegungen während des Träumens (Lukrez, schreibt er, hat sie »an schlafenden Hunden bemerkt«), beschreibt Simondon eine erste Entstehungsphase von Bildern, in der sie gewissermaßen schwebend, noch nicht an einen Zweck gebunden sind und noch nicht für ein auf ein Ziel gerichtetes Wirken herangezogen werden.[39]

---

39 Gilbert Simondon, *Imagination et invention*, S. 19 und S. 32. Lukrez spricht in seinem *De rerum natura* vom schlafenden Jagdhund: »[E]r fängt auf einmal zu bellen an und er zieht durch die Nase mit häufigem Schnuppern die Luft ein, gleichsam als sei er nunmehr auf die Fährte des Wildes gestoßen. Wenn er darüber erwacht, setzt oft er dem nichtigen Trugbild nach, als sah'

2. In der darauffolgenden, intermediären Phase der Ikonogenese »werden die Bilder unmittelbar und effektiv funktional«: Sie verbinden sich mit in der Umgebung wahrgenommenen Objekten und untereinander, das heißt »sie organisieren und stabilisieren sich in Clustern, die je nach Größenordnung der jeweiligen Beziehung zwischen Organismus und Milieu intern miteinander korrelieren« (S. 19).

3. In der letzten Phase fügen sich die Bilder, die Simondon »erwachsen« nennt, schließlich zusammen, um eine »geistige Welt« zu formen, in der sie sich gegenseitig, »im Sinne eines Systems von Bindungen«, das aus ihnen ein »gesättigtes Universum« macht, widerspiegeln (S. 21).

Im Verlaufe dieser letzten Phase werden die von und im Lebewesen angesammelten Bilder zu dem, was Simondon »Symbole« nennt. In dieser Eigenschaft scheinen sie in einem höheren Organisationsgrad oder Saturierungsniveau etwas von der Entbindung, der ursprünglichen Unabhängigkeit, von der die freien und über sich hinausgehenden Träume der von Lukrez beobachteten Hunde zeugen, wiederzufinden. Simondon schlägt anhand einer aus der Wappenkunde entnommenen Metapher vor, dass das »hervorkommende« Bild, also das aus dem Heroldsbild heraustretende oder sich von ihm lösende, aber teilweise noch in ihm enthaltene Figurenbild (wie jene Wappenlöwen, die nur zur Hälfte hervorragen), letztlich »aufgerichtet« wird, sprich sich in seiner ganzen Autonomie, in seiner ihm eigenen Dimension ausbreitet (S. 136).[40]

er die Hirsche *(cervorum simulacra)* in eiligem Flüchten begriffen, Bis er dann zu sich kommt, wenn der Irrtum endlich verscheucht ist«. Vgl. Titus Lucretius Carus, *Von der Natur*, Viertes Buch, 959, übersetzt von Hermann Diels, München 1993.

40 Der Vicomte und Heraldiker Ludovic de Magny definiert in seiner »Wissenschaft der Wappen« (*Science du blason*, Institut héraldique, 1858,

Das Bild, sagt er zusammenfassend, »hat sich zum Symbol formalisiert, weil es die Verbindungen zu vergangenen und individuellen Erinnerungen verloren hat«, weil es das Band, das es mit dem »Subjekt-Lebewesen« und dem Erlebnis, innerhalb dem es sich strukturiert hat, durchtrennte (S. 137). Das Bild hat sich gehäutet, indem es seine Hülle hinter sich ließ, den Mantel jenes Lebendigen, durch das es wachsen und sich verwandeln konnte.

Aber diese Entbindung des Bildes, das aufhört der Parasit seines lebendigen Trägers zu sein, um sein eigenes Leben zu leben, diese wiedergefundene Autonomie des Bildes, ist nur aufs Neue ein Abschnitt. Nach eigenem Bekunden an »Platons Kritik an den Künsten« anknüpfend, bekräftigt Simondon, dass die Künste – wie übrigens auch die »Magie« – den »Bildzyklus unterbrechen und ihn am Erreichen seines Endzustand hindern«. Denn in der Ikonogenese Simondons ist das Bild nicht dazu bestimmt, für sich selbst zu existieren. Sein Ziel ist letztendlich eine »Erfindung« [»Invention«] vorzubereiten, das heißt die Entstehung eines noch nie dagewesenen Objekts oder technischen Modells, um das sich das überlastete bildliche Universum neu organisiert, indem es »den Beginn eines neuen Zyklus« herbeiführt (S. 138). Im Endeffekt sieht Simondon die Metamorphosen des Bildes, von seinem embryonalen bis zu seinem erwachsenen Zustand, nur als einen vorübergehenden, auf die Erschaffung von Objekten gerichteten Prozess an; ganz gleich ob beim Menschen oder beim Tier.[41] Und

---

S. CXXIII) das »hervorkommend« blasonierte Tier, als jenes, »von dem man nur den oberen Teil des Körpers sieht, wenn dieser aus einem Wappenrand hervorzugehen scheint«. (Der hervorkommende Löwen ist dort auf S. 40 abgebildet.)

41 Vorausgesetzt wir verstehen das Objekt in dem erweiterten Sinne, den Simondon ihm verleiht: »Es ist diese relative Äußerlichkeit [des Bildes in jedem seiner Stadien], die sich in der Invention durch die Setzung von

Herkommender Löwe auf dem Wappen der Familie De Kérimel, aus: Ludovic de Magny, *Science du blason,* 1858.

die Kunst bezeichnet infolgedessen das, was den Zyklus der Bildentwicklung anhält, weil sie ihn daran hindert, sich durch seine Überschreitung bis zur technischen Erfindung zu vollenden. Die Kunst unterbricht diesen Zyklus auf unzeitige Weise. Simondon folgt dem Beispiel Platons und geht so weit nahezulegen, dass

---

Objekten, die im Milieu als Organisatoren dienen, verwirklicht. Ein geschaffenes Objekt ist kein Bild, das materialisiert und willkürlich in die Welt als ein Ding unter Dingen gesetzt worden wäre, um die Natur mit einem künstlichen Supplement zu belasten; durch seinen Ursprung ist es und durch seine Funktion bleibt es ein Kopplungssystem zwischen dem Lebendigen und dessen Milieu […]. Die konstruktive Operation des Menschen kann man genauso wenig der Praxis des Tiers entgegensetzen, wie man die Herstellung von Instrumenten, die kleiner sind als der Organismus insgesamt und von ihm getragen werden, dem Straßenbau entgegensetzen kann, der Bahnung von Wegen, dem Bau von Remisen oder dem Ziehen von Grenzen innerhalb eines Gebiets, das dem Organismus als Milieu dient und ihn mithin an Größe übertrifft. Das Werkzeug und das Instrument sind, wie die Wege und die Schutzmaßnahmen, ein Teil der Hülle des Individuums und mediatisieren dessen Beziehung zum Milieu.« Vgl. Simondon, *Imagination et invention (1965–1966)*, a.a.O., S. 186.

die Kunst eine widernatürliche Umkehrung dieses Zyklus produziere.[42]

Ein solcher Zyklus – der Lebenszyklus des Bildes – scheint folglich dazu bestimmt, die Heterochronie, deren theoretische Möglichkeiten Simondon für uns eröffnet hat, in sich aufzunehmen. Denn eine Heterochronie, die schon vorab eben durch das, was sie ermöglicht, dazu bestimmt ist zu verschwinden, findet sich notwendigerweise in einem zweitrangigen oder abgeleiteten Status wieder. Der heterochronische Bestandteil, der das Bild ausdehnt – seine Neotenie, sein verlängerter Embryonalstatus – arbeitet *letztendlich* (das heißt am Ende seiner Entwicklung und im Namen eines gewissen residualen Finalismus) auf die Umsetzung der Metamorphosen hin, in denen er sich aufheben wird.

Man kann zweifellos von einer Ökologie des Bildes bei Simondon sprechen, das heißt von einem Denken des Bildes, das sich auf die Beziehung zwischen Organismus und Umwelt stützt.[43] Und diese Ökologie des Bildes, insoweit sie teleologisch ihrem Ende, nämlich der technischen Erfindung, zugewandt ist, ist ebenso eine Ökonomie des Bildes (eine Ikonomie), deren zyklischer Kreislauf durch die Seltenheit, von dem, was ihr dienlich

---

42 »[...] der Zyklus des Bildes lässt sich nicht umkehren«, schreibt Simondon (ebd., S. 137), bevor er bekräftigt, dass die Künste, so wie sie von Plato kritisiert werden, gerade versuchen »vom Symbol ausgehend eine Existenz wiederzufinden [also das Bild wieder ans Subjekt zu binden, von dem es sich gelöst hat], indem sie einen Entstehungsprozess in umgekehrter Richtung durchlaufen, dessen Vollendung sich nur in der Invention [...] und nicht in der Umkehrung eines bereits abgeschlossenen Zyklus befinden kann« (ebd., S. 138).

43 Simondon gebraucht den Ausdruck hingegen nicht: »Ökologie« ist ein Wort, das sich bei ihm eher selten findet. Eine beachtenswerte Ausnahme stellt der 1983 veröffentlichte Artikel »Trois perspectives pour une réflexion sur l'éthique et la technique« dar (enthalten in *Sur la technique*, Paris 2014. Siehe dort insbesondere S. 341–345).

ist, reguliert wird. So lesen wir, dass der Bildzyklus »eine Genese darstellt, die in jeder einzelnen Phase durch einen Klärvorgang geprägt ist, durch eine Verringerung der beibehaltenen Elemente« (S. 138). Beim Übergang von der ersten zur zweiten Phase dieses Zyklus »werden nicht alle motorischen Veranlagungen durch entsprechende Wahrnehmungserfahrungen bestätigt«, und beim Übergang von der mittleren zur finalen Phase des Zyklus sind »es nur einige« der, sich dank des Subjekts, das sie bewohnt haben, strukturierten Bilder, die »sich zu Symbolen verdichten, um die Welt des Imaginären, die als Grundlage für die Invention dient, zu ordnen« (ebd.).

Die Ikonogenese erscheint bei Simondon als eine Regulierung des Exzesses zugunsten einer Finalität,[44] sodass es ohne Zweifel nicht übertrieben wäre, sie – so sage ich mir – mit dem Ausdruck, über den mein Großonkel nachdachte, zu beschreiben: nämlich dem einer ökonomischen Verwaltung des Naturhaushalts.

Auf dem Weg zu einer radikalen Heterochronie

Haben wir mit Simondon gefunden, wonach wir im Namen einer Ökologie der Bilder suchen? Nein: Wie gesagt geht es uns um einen gangbaren Weg in Richtung auf eine ihren Namen ver-

---

44 Dass eine (zweckgebunde) Finalität und eine Abnahme (der Ökonomie) im Bildzyklus am Werk sind, zeigt sich deutlich, wenn Simondon die Art und Weise beschreibt (ebd., S. 31.), anhand derer sich das neotenische Bild (der Motorikauslöser wie bei den träumenden Hunde) mit der Wahrnehmung verbindet: »Die einfachsten Lebewesen vollziehen eine große Menge an Bewegungen, die ins Leere laufen, eben weil ihre perzeptive Ausstattung viel zu dürftig ausfällt, um diese Bewegungen sinnvoll steuern und auf nützliche, zweckmäßige und ökonomische Weise ausführen zu können; die motorische Ausstattung geht der sensorischen Ausstattung voraus.«

dienenden Heterochronie – eine strukturelle Heterochronie und nicht eine einfach auf Zwischenfällen beruhende –, die innerhalb der von der Natur produzierten Bilder wirkt, das heißt innerhalb jener Bilder, die wir in einem erweiterten Sinne als Acheiropoíeton, als nicht von Menschenhand gemacht, bezeichneten. Aus diesem Grund müssen wir, nachdem wir den Versprechungen, aber auch der Begrenztheit der Simondon'schen Idee einer *Ausdehnung* [*tenie*] der Bilder unsere Aufmerksamkeit geliehen haben, zu jenen mimetischen Phänomenen zurückkehren, die wir bereits flüchtig bei den Raupen in den Blick genommen haben, deren Streifenmuster und Ocellen August Weismann 1876 studiert hat.

Im Gegensatz zur ökonomischen oder haushälterischen Verwaltung der Überfülle der Bilder bei Simondon, verleiht Roger Caillois in seinen den mimetischen Praktiken verschiedener Spezies gewidmeten Schriften der Entbehrlichkeit und dem reinen unökonomischen Aufwand Nachdruck. Im Jahr 1960 veröffentlicht und von der Idee einer flächendeckenden, über den Menschen hinausgehenden Ästhetik geleitet, bekräftigt die Abhandlung über den Mimetismus *Méduse & Cie* immer wieder, dass »die Mimese [...] unnütz, wenn nicht sogar schädlich«, dass sie ein »Luxus« ist, ein »Exzess des Scheins«. Für Caillois gibt es im Grunde genommen *zu viele Bilder, selbst in der Natur*: Die Ikonomie der Mimese sollte sich nach seinem Verständnis der »Allgemeinen Ökonomie« Georges Batailles annähern, weil diese sich dem Überfluss zuwendet.[45]

---

45 Vgl. Roger Caillois, *Méduse & Cie*, Berlin 2007, S. 105. Siehe auch S. 61 (die Schmetterlingsflügel sind »aufwendig gestaltet«) oder S. 70 (Caillois spricht von einer »enorme[n] Verschwendung«, von einer »exzessive[n] Verausgabung«). Ich werde später, in dem der *Ikonomie im Rahmen des Uni-*

Aber über seine wiederholte Kritik an jeglichem im Dienste eines »Lebensinteresse[s]« oder des »Gebot[s] der Arterhaltung« (S. 70) stehenden Finalismus hinaus, müssen wir bei Caillois im Wesentlichen die Momente berücksichtigen, in denen er wie beiläufig bei der Zeitlichkeit oder dem *Tempo* der tierischen Mimese verweilt. *Méduse & Cie* unterstreicht so die Bedeutung der »Unbeweglichkeit«, die das mimetische Verhalten begleitet (S. 105), ebenso wie den gewaltigen Leerlauf, der aus der Mimese in Caillois' Worten eine »langsame Mode [macht], deren Variationen für Jahrtausende und nicht nur für eine Saison Bestand haben«. Ganz im Gegensatz zu der Mode bei den Menschen, die »in einem ständigen Wandel begriffen und ein Produkt der Fantasie« ist, besteht bei den Insekten »die Variation [...] während einer Lebensdauer, die sich der menschliche Lebensrhythmus nur mit Mühe vorstellt, unveränderlich fort« (S. 97).

In einem berühmten Artikel von 1935 für die Zeitschrift *Minotaur* sah Caillois die Mimese, insofern als sie das »der Bewegungslosigkeit und dem Anorganischen Zugewandte« ist, als eine Verlangsamung, als ein vorläufiges Einfrieren (um nicht zu sagen ein Zurückspulen) der Evolution an: *»Das Leben weicht um eine Stufe zurück«*, schrieb er kursiv in Anbetracht eines den Text illustrierenden Fotos einer riesigen Gespenstschrecke, auf dem das erstarrte Insekt ganz und gar in einen Ast übergeht. Das Tier ahmt das Pflanzliche nach und strebt sogar nach dem Mineralischen.[46] Die Mimese wäre alles in allem eine Art Standbild oder besser ausgedrückt: *der Stillstand des Bildes.*

---

versums gewidmeten Kapitel, auf das Konzept der *Allgemeinen Ökonomie* bei Georges Bataille zurückkommen.

46 Roger Caillois, »Mimese und legendäre Psychastenie«, in: *Méduse & Cie*, a.a.O., S. 37.

Als Bilderzeugung, die eine Übertragung von Formen und Farben mit einschließt, erfordert die Mimese bei Caillois ebenfalls ein aus dem Feld der Medialität oder des Mediumismus entlehntes Vokabular, je nachdem, ob das Konzept des Mediums eine Neigung für die Medien oder die Parapsycholgie hat. Daher beschreibt der Artikel im *Minotaur* die Mimese als eine »*Teleplastie*« (das Wort ist vom Spiritismustheoretiker Frederic Myers übernommen, der es für Materialisierungsphänomene von etwas Fernem verwendete), wohingegen die vollständigere Version des Textes, enthalten im drei Jahre später erschienenen Aufsatzsammelband *Der Mythos und der Mensch*, ebenfalls von einer »*Telephotographie*« spricht, mithilfe der das Tier auf seine eigene Haut das Netzhautbild, das die Umwelt auf sein Auge abdrückt, überträgt (der Ausdruck ist dieses Mal vom Physiologen Jacques Loeb übernommen, der ihn 1912 im Rahmen einer Studie über die Anpassung von Fischen an den Meeresuntergrund vorgeschlagen hatte).[47] Indem er die Mimese anhand von Gesichtspunkten der Parapsychologie, der Fotografie oder der Mode betrachtet, zieht und streckt Caillois sie zwischen zwei Zeitlichkeiten: Die eine, lang oder tiefgreifend, ist die der Evolution der Spezies, die andere, unbeständig und wechselhaft, ist die der menschlichen Schöpfungen oder Erfindungen. Aber diese rhythmischen Kontraste sind – um es so auszudrücken – nicht bloß eine metaphorische Angelegenheit. Sie begründen sich nicht

---

47 Die Artikelversion findet sich in: ebd., S. 32, der erweiterte Text von »Mimese und legendäre Psychastenie« in: *Der Mythos und der Mensch*, Berlin 2023, S. 93–130, hier S. 97. Frederic Myers schlägt den Begriff Teleplastik anlässlich seiner Rezension des Werks *Animismus und Spiritismus* von Alexander Aksakof vor. Veröffentlicht in *Proceedings of the Society for Psychical Research*, Vol. VI, London 1890, S. 669. Und Jacques Loeb spricht von Telephotographie im Artikel »Die Bedeutung der Anpassung der Fische an den Untergrund für die Auffassung des Mechanismus des Sehens«, in: *Zentralblatt für Physiologie*, Band XXV, Nr. 2, Januar 1912, S. 1017.

nur auf eine Wort- oder Tropenwahl, um die mimetischen Phänomene zu beschreiben. So lässt Caillois, wenn er in *Méduse & Cie* notiert, dass »[i]n der Umgebung der großen Industriestädte [...] heutzutage die Flügel der Schmetterlinge allmählich schwarz«[48] werden, ein mögliches evolutionäres Tempo erkennen, welches tatsächlich zwischen einem langanhaltenden Programm und den schneller ablaufenden Störungen, die das Programm betreffen und durch die von der Industrialisierung hervorgebrachten ökologischen Umwälzungen bedingt sind, hin- und hergerissen ist (der britische Insektenforscher James William Tutt hatte bereits 1896 vermutet, was neuere Studien zu bestätigen versuchen: Die Birkenspanner haben schwarze Flügel entwickelt, um sich besser auf vom Ruß schwarz gefärbten Baumstämmen zu tarnen).[49]

Bei anderen Tieren, wie dem Chamäleon oder mehreren von Caillois in *Méduse & Cie* erwähnten Blatt-Fischen, wechselt die Haut- oder Schuppenfarbe beinahe augenblicklich, »um sich dem gemusterten Untergrund [...] an[zu]passen« (S. 99). Die natürliche Ikonogenese zeigt sich demnach entsprechend einer großen

---

48 Roger Caillois, *Méduse & Cie*, a.a.O., S. 101.

49 Vgl. James William Tutt, *British Moths*, London 1896, S. 305: Der Birkenspanner (*peppered moth*), erklärt der Autor, ist gescheckt, um sich auf dem Baumstamm, auf dem er sich niederlässt, zu tarnen. Doch hat – führt er fort – »in der Nähe unserer großen Städte, in denen sich Fabriken befinden und unzählige Schlote tagein, tagaus großflächig Ruß (*soot*) ausspucken [...], dieser Birkenspanner innerhalb der letzten fünfzig Jahre einen bemerkenswerten Wandel durchgemacht. Sein Weiß ist komplett verschwunden und die Flügel sind ganz und gar schwarz geworden«. Die vom britischen Genetiker Michael Majerus vor seinem Tod 2009 durchgeführten Experimente über das unter dem Namen Industriemelanismus (*industrial melanism*) bekannte Phänomen, scheinen Tutts Intuitionen zu bestätigen (seine dabei erzielten Befunde wurden posthum von einer Gruppe von Wissenschaftlern publiziert: »Selective Bird Predation on the Peppered Moth: the Last Experiment of Michael Majerus«, in: *Biology Letters*, Vol. 8, Nr. 4, 2012, S. 609–612).

Bandbreite oder Skala an immer kürzer werdenden Zeiträumen. Und die Mimese erscheint als eine Angelegenheit von sich übertragenden Geschwindigkeiten: Wie die Paläontologen, die von Bradytelie und von Tachytelie sprechen, um eine langsame oder schnelle Entwicklung der Arten zu bezeichnen, könnten wir das Tempo der organischen Bilderformation eine *Bradyplastie* oder *Tachyplastie* nennen.[50]

Ein reines Differenzial

Caillois Mimetologie stellt zwar die zeitliche Vielfalt dar, die in der Ikonogenese wirkt, allerdings besagt nichts darin, dass das einmal geformte mimetische Bild *in seiner Gestalt selbst* heterochron ist. Anders gesagt: Sein organisches Entstehen kann noch so sehr den biologischen Geschwindigkeiten und Rhythmen oder kontrastierenden Evolutionen gehorchen, das resultierende Bild behält nicht unbedingt eine aktive Spur dieser Kontraste. Nichts weist darauf hin, dass es als ein stabilisiertes Differenzial angesehen werden muss.

—

50 In *Die Natur. Aufzeichnungen von Vorlesungen am Collège de France 1956–1960* (München 2000, S. 337), schlägt Maurice Merleau-Ponty vor, die »Bradytelie« und die »Tachytelie« (Begriffe, die er aus einem Werk des amerikanischen Paläontologen George Gaylord Simpson übernimmt, vgl. *Zeitmasse und Ablaufformen der Evolution,* Göttingen 1951) im Rahmen von dem, was er eine »evolutive Kinetik« nennt, zu denken. Merleau-Ponty widmet auch einige bemerkenswerte Seiten der Mimese, auf denen er in mehreren Punkten mit Caillois Analysen übereinstimmt. So schreibt er (S. 259f.): »Man muß die Gleichsetzung des Lebensbegriffs mit dem Begriff des Nützlichkeitsstrebens oder der intentionalen Absicht kritisieren. Die Tiergestalt ist nicht die Manifestation einer Finalität [...]. Das Tier zeigt keine Nützlichkeit; seine Erscheinung offenbart vielmehr etwas, das unserem Traumleben ähnelt.«

Man könnte, indem man das Problem – vor dem wir uns durch unser bisheriges Voranschreiten befinden – formalisiert, sagen, dass der von Caillois vorgeschlagenen Analyse der Mimese der Tonus [*ténie*], die Spannung fehlt, die Simondon in der Entwicklung des Bildes entdeckte, aber gleichzeitig das (neo-)tenische Bild der Autorität einer vollendeten funktionalen Ökonomie unterwirft, die ihm seine eigene *Gestalt* nimmt. Darum bleibt uns, nach Simondon und Caillois, diese drängende Frage: Kann man das sogenannte natürliche (im weiteren Sinne acheiropoíetische) Bild als spannungsgeladen denken, als ein vom Tonfall beeinflusstes, das noch nicht von einem im Vorhinein angestrebten Zustand bestimmt ist? Kann man es als reines Differenzial denken, als eine Heterochronie ohne geplante Resorption?

Ein Phänomen, das von Edward Poulton 1890 geschildert und manchmal als »Automimikry« bezeichnet wurde, kann uns auf die Sprünge helfen. Poulton erklärt anhand vom Augenfleck und den falschen Fühlern, die das Hinterteil der Schmetterlingsflügel des *Strymon melinus* (*Grey Hairstreak*) schmücken, dass diese »die trügerische Erscheinung eines Kopfes *an der falschen Körperstelle* erzeugen«.[51] Diese Nachahmung (eines Teils) von sich – aus

51 Edward Bagnall Poulton, *The Colours of Animals: Their Meaning and Use*, London 1890, S. 207. Von »Automimikry« bei Fällen dieser Art zu sprechen, kommt gewiss selten vor: Man findet die Verwendung des Begriffs zum Beispiel in der kurzen Studie, die Russell Dale Guthrie und Ronald Petocz der mimetischen Beziehung zwischen den, durch die Körperhaare im inneren Teil der Ohren geformten, schwarzen Streifen bei einigen Antilopen und den Hörnern bei ebendiesen Antilopen widmen. Vgl. »Weapon Automimicry Among Mammals«, in: *The American Naturalist*, Vol. 104, Nr. 940, 1970. Ebenso Verwendung findet er in der von Simcha Lev-Yadun vorgelegten Interpretation über Partien einiger Agaven- oder Aloenarten, die ihre eigenen Dornen nachahmen. Vgl. »Weapon (Thorn) Automimicry and Mimicry of Aposematic Colorful Thorns in Plants«, in: *Journal of Theoretical Biology*, Vol. 224, Nr. 2, 2003. In den meisten wissenschaftlichen Arbeiten

diesem Grund lege ich Wert darauf sie als eine *selbstmimetische* Herstellung zu qualifizieren; das besagte Lebewesen passt sich, um sich zu übertragen, gewissermaßen an sich selber an und wird stellenweise zu seinem eigenen Spiegel – erzeugt gleichzeitig einen Unterschied zu sich: Alles geschieht, als ob der Schmetterling, durch den Versuch sich identisch nachzuahmen, die Stelle seines Kopfes neu erfinden würde. Man könnte das gleiche über den Vieraugen-Falterfisch (wissenschaftlich *Chaetodon capistratus*) sagen: Er bildet an einer anderen Stelle auf sich selber sein eigenes Auge nach. Der Schmetterling oder der Fisch, der sich selbst nachahmt, wird schließlich auf *unentscheidbare Weise* eben durch das sich Ähneln sich selbst unähnlich, bzw. er sieht sich ähnlich durch das sich selbst Unähnlich werden.

Falls wir die zur Automimikry fähigen Lebewesen als am Ende einer natürlichen Ikonogenese hergestellte Bilder betrachten, muss man wohl ebenso klar sagen, dass solche Bilder das stabilisierte Resultat einer Differenzierungsbewegung von sich, ein Abstand

---

ist der Begriff eher der Nachahmung von anderen Angehörigen der gleichen Art, die mit besseren Mitteln zur Verteidigung ausgestattet sind, vorbehalten (siehe Graeme Ruxton, Thomas Sherratt und Michael Speed, *Avoiding Attack. The Evolutionary Ecology of Crypsis, Warning Signals, and Mimicry*, Oxford 2004, S. 176). Wenn Roger Caillois seinerseits beim Mimetismus allgemein von einer »autoplastische[n] Energie« spricht und beim Insekt die »sonderbare Fähigkeit [...], sein eigenes Erscheinungsbild zu formen« gegeben sieht (*Méduse & Cie*, a.a.O., S. 98), greift er das Wort von dem Chirurgen Philippe-Frédéric Blandin auf, dem Autor eines Lehrbuchs mit dem Titel: *Autoplastie ou restauration des parties du corps qui ont été détruites à la faveur d'un emprunt fait à d'autres parties plus ou moins éloignées*, Paris 1836. Allerdings schenkt Caillois jener Automimikry, die mich hier interessiert, kaum Aufmerksamkeit: Allenfalls handelt es sich für ihn um eine Technik unter vielen anderen, »die den Angriff von den lebenswichtigen Organen des Tieres (im allgemeinen den Kopf und die Augen) auf weniger wichtige Teiles seines Körpers [...] ablenk[t]« (ebd., S. 82).

Kupferstreifen-Pinzettfisch (*Chelmon rostratus*), aus: George Shaw & Frederick Nodder, *Naturalist's Miscellany*, 1804.

zu sich selber sind. Ein anderer Kopf – der gleiche –, ein anderes Auge – das gleiche – sind nach und im Sinne ihres Modells skizziert, gezeichnet, geformt worden, indem sie sich allmählich ans Modell anpassten. Das betreffende Lebewesen ist sich deshalb (teilweise) selbst gegenüber voraus oder in Verzug, genau insoweit, als es dabei ist, sich an sich selbst anzupassen. Es hat noch nicht den Kopf, das Auge, den oder das es bereits besitzt. Zugegebenermaßen werden der Vorsprung oder der Rückstand hier vielleicht im Bereich von Milliarden Jahren an Evolution bemessen, aber sie sind, ihrem Prinzip nach, Teil einer Heterochronie, deren exemplarische Gestalt für uns der hinter seinem Schatten herlaufende Peter Schlemihl darstellt.

(Gegenüber jenen, die versucht sind einzuwenden, dass es sich hierbei höchstens um einige Sonderfälle handelt und dass die Automimikry, als letztendliches Sonderphänomen im Naturreich, die *allgemeine* Hypothese einer organischen und durch die Heterochronie charakterisierten Ikonogenese nicht zu bestätigen vermag, wage ich Folgendes zu entgegnen: Ist die Automimikry nicht in jeder Mimikry enthalten und somit in jeder organischen Ikonogenese? Etwas oder jemanden zu ähneln bedeutet, *aufgrund des benötigten Zeit- und Energieaufwands* eine Anstrengung, dem ähnlich zu sein, was von sich aus bereits mit dem anderen übereinstimmt. Es bedeutet, in Richtung auf das hin zu wirken, was von sich aus von sich selbst abweicht.)

Und noch ein Phänomen könnte uns helfen, die so verstandene Heterochronie – diese Haltung [*tenie*] oder Spannung in der Unterscheidung zu sich selbst – als eine im natürlichen Bild wirkende zu denken. Es handelt sich gewissermaßen um den eben betrachteten Fall, wobei die mimetische Gestaltung nun, anstatt sich von sich durch ein sich selbst Nachahmen zu unterscheiden, in *Abwesenheit des Modells*, also nach dessen Verschwinden, sich fortsetzt und präzisiert. Zwei amerikanische Biologen haben vor Kurzem die Entwicklung der Mimese bei der Roten Königsnatter (*Lampropeltis elapsoides*) untersucht. Sie ist eine nicht giftige Art, die zur Feindesabschreckung die ihrerseits extrem giftige Harlekin-Korallenotter (*Micrurus fulvius*) nachahmt: Nachdem letztere in den 1960er Jahren aus der Region der Sandhills von North Carolina, wo sich die Wege beider Arten kreuzten und sie also sympatrisch waren, d.h. den gleichen Lebensraum teilten, verschwunden sind, ist die Trugnatter *dem von da an unauffindbaren Modell immer ähnlicher* geworden. So als ob sie, sobald der mimetische Prozess einmal in Gang gebracht wurde, ohne Vorbild nur für sich zu wirken begann.[52]

—

52 Vgl. Christopher Akcali und David Pfennig, »Rapid Evolution of Mimicry Following Local Model Extinction«, in: *Biology Letters*, Vol. 10, Nr. 6, 2014. Die

Dieses Beispiel einer Mimese *in absentia* – eines Modellierens ohne Modell – entspricht, wie ich sagte, der Automimikry: Anstatt sich durch einen in Bewegung gesetzten Versuch der Übereinstimmung mit sich selbst, von sich selbst zu unterscheiden, anstatt durch das sich selbst Nachahmen anders zu werden, gleicht sich die Rote Königsnatter einer anderen Schlange, die es nicht mehr gibt, immer mehr an.

Nach dem gleichen Muster muss ich hier zwei fiktive – oder spekulative – Fälle erwähnen, die von Vladimir Nabokov, der selbst ein anerkannter Entomologe und Schmetterlingsspezialist war, unterbreitet und betrachtet wurden. Der Schriftsteller hatte eine Fortsetzung seines Roman *Die Gabe*, in dem der Vater des Erzählers ein Sammler von Schmetterlingen und Autor kritischer Schriften über die Theorien Darwins ist, in Erwägung gezogen. In diesen erst nach Nabokovs Tod publizierten Seiten,[53] stoßen wir zunächst auf den Fall einer von ihm erfundenen Raupe (*Pseudodemas tschumarae*), die die Blumen einer ebenso ausgedachten

---

Autoren schlussfolgern (S. 4): »[P]aradoxerweise kann die durch die Fressfeinde den Nachahmern [*mimics*] aufgezwungene Auslese einen ›evolutionären Elan‹ (*evolutionary momentum*) zugunsten einer präziseren Mimese selbst nach dem Aussterben des Modells hervorbringen.« Diese Form der Mimese, anhand der eine harmlose Art versucht, ihre Fressfeinde durch das Nachahmen einer für jene gefährlichen Art zu verschrecken, wird nach Henry Walter Bates, dem Ersten, der sie beschrieb, Bates'sche Mimikry genannt (vgl. »Contributions to an Insect Fauna of the Amazon Valley«, in: *Transactions of the Linnean Society of London*, Vol. 23, Nr. 3, 1862, S. 495–566).

53 Da der Text im Original russisch ist, wurde zur Vermeidung eines weiteren Zwischenschritts nicht aus Szendys französischer, sondern aus der englischen Übertragung des Sohnes (Dmitri Nabokov) übersetzt [A.d.Ü.]. Vgl. »Father's Butterflies«, in: *Nabokov's Butterflies. Unpublished and Uncollected Writings*, Boston 2000, S. 222. Über den fiktiven Charakter der besagten Raupe und der besagten Pflanze, siehe Peter Forbes, *Dazzled and Deceived. Mimicry and Camouflage*, London 2009, S. 130.

Pflanze (*Tschumara vitimensis*) nachahmt. Während die Pflanze nur im Mai blüht, erscheint die Raupe erst zum Sommerende, sodass die Nachahmerin und ihr Modell sich in gewisser Weise verpassen: Sie treten also jeweils zur Unzeit auf, sie begegnen sich, ohne zusammenzufinden.

Diese Zeitverschiebung zwischen Modell und Nachahmerin – ihre verfehlte Zusammenkunft – ist im Text das Vorspiel für einen anderen spekulativen Moment, dessen erklärte Bestrebung es ist, abermals jegliche strikt darwinistische und gradualistische Vorstellung der Mimese unter den Arten zu kritisieren. Eine kontinuierliche und konstante Evolution könnte nämlich, so der Erzähler, nicht jene so unwahrscheinliche Tatsache der visuellen Übereinstimmung ungleicher Arten erklären, denn nirgendwo ließen sich »vorläufige Formen« feststellen, weder relative noch unvollkommene, im Entstehen begriffene Ähnlichkeiten (S. 223). Wenn sich die mimetische Assimilierung kaum spürbar vollzöge, fährt er fort, wenn sie sich nach und nach durch eine »schrittweise Ansammlung von entsprechenden Merkmalen« ereignete, dann würden dafür auch »Billionen Lichtjahre kaum ausreichen« (S. 224). Schließlich versenkt sich der Erzähler in eine ebenso witzige wie atemberaubende Betrachtung über die vielfältigen Zeitlichkeiten, die die organische Ikonogenese ausbrütet:

> Die Zeitspanne mag hinreichend sein, aber nur unter der Bedingung, dass die eine »schützende Mimikry« [...] entwickelnde Spezies ihr Ziel bewusst verfolgt, nachdem sie sich zuvor mit ihrem Modell beraten und bestimmt hat, letzteres solle über die volle Anzahl der Jahrhunderte hinweg, die der Hilfsarbeiter der Evolution bis zur allmählichen Verwirklichung der Ähnlichkeit benötigen würde, unveränderlich bleiben (in der Art der Unbeweglichkeit, die ein Maler von seinem Modell verlangt). Das Verfahren würde noch beschleunigt,

gäbe das Modell dem Nachahmer ebenso bewusst nach, indem es sich im Laufe der Mutationen des Nachahmers ihm entsprechend verwandelte, oder wenn das Ziel des Nachahmers selbst sich in Übereinstimmung mit der evolutionären Metamorphose des Modells verändern würde, genauso wie ein Maler, der einen Akt eines jungen weiblichen Modells begonnen hat, mit solchem Eifer nach der Ähnlichkeit streben könnte, dass, indem er unermüdlich jeden Wesenszug registriert, er unterm Strich feststellen würde, dass er dabei war die alte Frau, zu der das Modell im Laufe seiner vieljährigen Pose geworden war, darzustellen.

Was wollen diese langen Sätze des Erzählers Nabakov mit ihren anregenden Windungen, verschlungenen Einschüben und Parenthesen eigentlich besagen? Wohin führen uns diese Sätze, dieses »den Spannerraupen ähnelnde Voranschreiten« (S. 210) – wie er es selbst kurz zuvor und hinsichtlich der entomologischen Schriften seines Vaters nannte? Was der Erzähler uns gewissermaßen mit den Mitteln des Absurden vor Augen führt, ist, dass die mimetische Ikonogenese Verschiedenheit innerhalb der Ähnlichkeit erzeugt und umgekehrt. Etwas genauer gesagt: Einerseits ist es der Elan der Ähnlichkeitsbestrebungen selbst, der dazu führt, dass etwas anderes erzeugt wird als das, was man nachbilden wollte (der peinlich genau das junge Mädchen malende Künstler malt letztlich eine alte Frau). Und sollte die graduell mimetische Übereinstimmung die Ähnlichkeit nicht hervorbringen können, so kann diese Ähnlichkeit wiederum nur die Folge eines Hindernisses, eines Sprunges, das heißt eines Hiatus oder einer plötzlichen Unähnlichkeit sein.

Doch muss man noch einen Schritt weitergehen und sagen, dass es eine Gegensätzlichkeit der Geschwindigkeiten ist, die die Ähnlichkeit als Unähnlichkeit und die Unähnlichkeit als Ähnlichkeit herstellt. Denn einerseits wird die perfekte Nachahmung des anderen (der Maler, der peinlich genau sein Modell malt) gerade *aufgrund der Zeit, die sie dafür benötigt* zur Unähnlichkeit (das Modell wird sich zwischenzeitlich verändert haben, so als ob die in Plinius' *Naturkunde* erwähnte Töpferstochter vor lauter Genauigkeit das Zeichnen der Silhouette ihres Liebhabers schließlich mit einem Greis beschließen würde). Die Ähnlichkeit ist also um ihrer selbst willen verspätet. Aber andererseits und im Gegensatz dazu, ist die Ähnlichkeit – falls sie nur durch eine unerwartete Abweichung, die die Unähnlichkeit einführt, entstanden ist – auch einen Schritt voraus: Das Lebendige, das sich plötzlich einem anderen als ähnlich erweist, ähnelt ihm bereits bevor es die Zeit hatte, sich ihm schrittweise anzupassen.

Kurz gesagt, was wir in Nabokovs Fiktion über die Schmetterlinge und die Mimese finden, ist die Formel *par excellence* der Heterochronie des natürlichen oder organischen Bildes. In der erweiterten Perspektive einer Ikonomie des Nichtmenschlichen erscheint das Bild infolgedessen als jene Abweichung der Zeit, die die Zeit auseinanderzieht und streckt, die ihr ihren Ton oder ihre Haltung [*tenie*] gibt, gleich einer gehaltenen Dissonanz, die nicht aufgelöst oder resorbiert werden kann.

Interludium: Der Zufall der Zeitlupe

Stellen wir uns vor, dass sich eines Tages in der Geschichte, die wir gerne die allumfassende Geschichte des Bildes nennen möchten, ein Zufall ereignet hat: die Erfindung der Zeitlupe.

Tatsächlich scheint die erste Zeitlupe der Kinogeschichte 1894 von William Dickson, einem schottischen Erfinder, der in Thomas Edisons Laboratorium an der Ausarbeitung des Kinetographen arbeitete, zufällig aufgenommen worden zu sein.[54] Es handelt sich um eine Sequenz von ungefähr 30 Sekunden, in der man den venezuelanischen Seiltänzer Juan Caicedo auf einem Seil tanzen sieht.

Die Dreharbeiten fanden im Freien statt, da die Black Maria – der Spitzname für das erste Filmstudio der Kinogeschichte, dessen Wände mit Teerpappe ausgekleidet waren – zu klein war, um dort das Seil zu spannen. Wie ein Artikel in einer damaligen Zeitung berichtet, »ist es das erste Mal, dass kinetographische Bilder im Freien aufgenommen wurden und das Ergebnis mit Interesse erwartet wurde«. Der Seiltänzer wurde also im Sonnenlicht gefilmt, was ein Problem darstellte, da die verstellbare Irisblende noch nicht existierte. Um den Lichteinfall zu dosieren, kommt Dickson deshalb auf die Idee, die Geschwindigkeit der Kamera

---

54 »Signor Caicedo's Fine Exhibition«, in: *Orange Chronicle*, 28. Juli 1894, S. 5. Zitiert nach der Webseite der National Film Preservation Foundation (filmpreservation.org), die diesem unter dem Titel CAICEDO (WITH POLE) oder unter CAICEDO, KING OF THE SLACK WIRE bekannten Kurzfilm einen Eintrag widmet.

zu beschleunigen. Um die Belichtungszeit des Filmmaterials zu verkürzen, lässt er sie mit vierzig Bildern pro Sekunde (statt mit sechzehn oder achtzehn, die normalerweise üblich waren) aufnehmen. Als die so erhaltenen Bilder anschließend in ihrer normalen Geschwindigkeit vorgeführt werden, tritt eine geringfügige Zeitlupe auf, durch die das Seiltänzerballet noch etwas luftartiger ist. Es erfährt, was Jean Epstein später eine »dramatisierende Surrealisation« nennen wird: Die *kaum wahrnehmbare* Verzögerung *wirkt sich auf die Gesten des Seiltänzers aus*, »verlängert sie und hält sie in der Schwebe«.[55]

Der Zufall der Zeitlupe, der 1894 eines schönen Tages auftrat, wurde nachher unzählige Mal wiederholt. Der österreichische Priester und Physiker August Musger meldete 1904 den Mechanismus zum Patent an. Aber es war Hans Lehmann, der als Leiter der wissenschaftlichen Abteilung des Dresdener Unternehmens Ernemann, – ohne Musger zu erwähnen – die Urheberschaft der Erfindung für sich beanspruchte, indem er sie 1914 der Öffentlichkeit präsentierte und später ihre Vorteile in dem 1917 erschienenen Aufsatz »Die Zeitlupe« pries: Wie das Mikroskop, das die räumliche Dreidimensionalität eines Objekts vergrößert, konnte die Zeitlupe, schrieb er, die vierte Dimension vergrößern – die der Zeit.[56]

Als Jean Epstein von 1928 an die Zeitlupe in seinen Schriften erwähnt (und sie zur gleichen Zeit auf erstaunliche Weise in seiner Adaptation von Edgar Allan Poes *Untergang des Hauses Usher* veranschaulicht), sieht er in ihr vor allem die Möglichkeit, »der

---

55 Jean Epstein, »Le délire d'une machine« (1949), in: *Écrits sur le cinéma*, Band II, Paris 1975, S. 124 sowie »Dramaturgie dans le temps« (1946), ebd., S. 92.

56 Hans Lehmann, »Die Zeitlupe«, in: *Die Umschau*, Heft 21, Nr. 22, 1917, S. 426–430.

Dramaturgie ein neues Register« bereitzustellen. Anstatt einer Vergrößerung der Zeit, erlaubt sie eine »dramatische Vergrößerung«, deren Auswirkungen auf den menschlichen Gesichtsausdruck Epstein auf eindringliche Weise beschreibt:

> Ich kenne absolut nichts Ergreifenderes als ein Gesicht, welches sich in Zeitlupe in einem Ausdruck befreit. Zuerst die große Vorbereitung, eine langsame Erregung, von der man nicht weiß, ob man sie mit einer morbiden Inkubationszeit, mit einem allmählichen Heranwachsen, oder derber ausgedrückt, mit einer Schwangerschaft vergleichen soll. Schließlich greift diese Anstrengung auf einen Muskel über, löst dessen Starre. Die Bewegung breitet sich aus und erfüllt das ganze Gesicht. Die Wimpern klimpern und der Kinnbart zuckt ebenso. Und wenn sich die Lippen endlich öffnen, um den Schrei auszustoßen, haben wir seinem ganzen langen und wunderbaren Erwachen zugesehen.[57]

In späteren Essays löst Epstein die Zeitlupe von einer durch die menschlichen Affekte beschränkten Dramaturgie, um ihr anderweitig eine umfassendere Tragweite zu geben. Vom Standpunkt einer Naturgeschichte des Bildes aus betrachtet, erinnert die Zeitlupe an die Mimese, wie sie Roger Caillois in seinem Artikel für *Minotaur* verstand, d.h. – wir erinnern uns – als eine Art des Zurückspulens der Evolution, die zur Folge hat, dass das Leben stufenweise zurückgeht: vom Tierischen zum Pflanzlichen und dann zum Mineralischen. In *L'Intelligence d'une machine* merkt Epstein 1946 daher an, dass die den menschlichen Gesten innewohnenden »Ungeschicklichkeiten« in der Zeitlupe »verschwin-

---

57 Jean Epstein, »L'Âme au ralenti« (1928), in: *Écrits sur le cinéma*, Band I, Paris 1974, S. 191.

den, einverleibt durch die unfehlbare Grazie des tierischen Instinkts«. Und er fährt fort:

> Die Regression geht noch weiter und über den tierischen Zustand hinaus: Sie findet im Strecken des Oberkörpers und des Nackens die aktive Dehnfähigkeit des Grashalms wieder; in den vom Wind in Bewegung versetzten Wellen der Haare und der Mähne das Schwingen der Baumwipfel; im Schlag der Schwanzflossen und der Flügel die schnelle Bewegung der Blätter; im schlängelnden Gang der Reptilien das Spiralförmige jeglichen pflanzlichen Wachstums. Noch weiter verlangsamt, kehrt jede lebendige Substanz zu der ihr zugrundeliegenden Zähflüssigkeit zurück und lässt ihre grundlegende kolloidale Beschaffenheit an ihre Oberfläche steigen. Wenn es in einer ausreichend gedehnten Zeit schließlich keine sichtbare Bewegung mehr gibt, wird der Mensch zur Statue, gehen das Lebendige und das Leblose ineinander über. Das Universum breitet sich als Wüste aus purer Materie aus, ohne geistige Spuren.[58]

Die Zeitlupe befreit sich folglich vom menschlichen Gesicht, um zu einem universellen Phänomen zu werden, dem bald ein neuer Name verliehen wird: In dem 1950 in der Zeitschrift *Les Temps modernes* veröffentlichten Artikel »Le monde fluide de l'écran« schlägt Epstein, der das filmische Auge als »ein bewegliches Auge einer Schnecke [...], die auf einen dehnbaren und einziehbaren Grashalm gestiegen ist«, beschreibt, den Begriff »Bradyscopie« als zeitliches Pendant für die räumliche »Mikroskopie« vor.[59] Das Wort erinnert an die Bradytelie der Paläontologen, also an die Verlangsamung, ja sogar an den evolutionären Stillstand einer Art

---

58 Jean Epstein, *Écrits sur le cinéma* I, a.a.O., S. 288.
59 Jean Epstein, *Écrits sur le cinéma* II, a.a.O., S. 146/148.

(was wir infolgedessen »lebende Fossilien« nennen, die in einem scheinbar unveränderlichen Stadium verweilen, wie die Quastenflosser, jene in der Tiefe des Meeres lebenden Fische, die Rudimente einer Lunge aus der Zeit von vor mehreren hundert Millionen Jahren behalten haben, als sie nahe der Wasseroberfläche lebten).

Aber die filmische, wie bei Epstein auf die ganze Welt bezogene Zeitlupe konfrontiert uns auch und vor allem mit einem zeitlichen Paradox, über das wir niemals genug staunen werden: Während die gesammelten Gesten und Bewegungen, die wir zu sehen und auszuführen gewohnt sind, durch die Zeitlupe in die Länge gezogen werden, scheint die Zeitlupe gleichzeitig die unermesslichen Zeiträume der Naturgeschichte zu verringern, um sie, unserer Auffassungskraft entsprechend, zusammenzufassen, sodass wir durch sie buchstäblich (wenn auch der Evolution entgegengesetzt) dem Übergang von einem zum anderen Naturreich beiwohnen (vom Tierischen zum Pflanzlichen zum Mineralischen). Kurzum, *weil die Zeitlupe die Bewegung zurückhält, beschleunigt sie sie.* Indem die Zeitlupe die Zeit ausdehnt, beschleunigt sie die Betrachtung der extrem langen Mutationen, die einer geologischen Zeitlichkeit, die bestimmt war uns zu entfliehen, anzugehören schienen.

Aus diesem Grund muss man sagen, dass die so verstandene Zeitlupe die Bilder zwischen zwei divergierenden Bewegungen streckt und hin- und herzieht. Die von Epstein beschriebene Zeitlupe *begründet unterschiedliche Geschwindigkeiten,* wie er es selber in dem Aufsatz »Dramaturgie dans le temps«[60] von 1946 nahelegt: Dank dieser »Entdeckung der zeitlichen Perspektive«, die Zeitlupe und Zeitraffer im Kino darstellen, wird es »plötzlich

---

60 In: Jean Epstein, *Écrits sur le cinéma* II, a.a.O., S. 92ff.

möglich [...] mehrere Geschwindigkeiten von aufeinanderfolgenden Ereignissen« zu vergleichen. Und weil »wir die Dinge nur durch ihre Unterschiede kennen«, fügt Epstein hinzu, »würde die Zeit in einer Welt mit nur einer Geschwindigkeit verschwinden«. Was darauf hinausläuft zu sagen, dass die Zeit existiert, weil es die Heterochronie gibt.

Welche Folgen diese Intuition Epsteins für ein allgemeines Denken der Zeit hat, bleibt zweifellos zu erforschen. Aber im Bezug auf das, was uns hier beschäftigt – nämlich die Ikonogenese als stabilisierte Spannung zwischen divergierenden Geschwindigkeiten –, führt uns Epsteins tiefes Nachdenken über den Zufall, den die Zeitlupe in der universellen Geschichte des Bildes darstellt, zur folgenden Schlussfolgerung: So wie das starre Bild begründet gleichfalls das bewegte Bild einen Unterschied der Zeit. Man könnte dementsprechend mit den Worten Deleuzes sagen, dass jedes Bild, ob beweglich oder unbeweglich, ob von Menschenhand geschaffen oder nicht, ein *Differenzialbild* [*image-différentiel*] ist.

Die Ikonomie im Rahmen des Universums

Machen wir mit einem alten Bild weiter (es stammt von 1745): ein Stich von William Hogarth, der den Titel *Der Krieg der Bilder* trägt (eine der möglichen Übersetzungen des Originaltitels, *The Battle of the Pictures*). Die Beschriftung über dem Bild lässt vermuten, dass es sich gewissermaßen um ein Bild von Eigenwerbung handeln könnte, weil – ich verstehe und übersetze den Titel möglichst wortwörtlich – »der Inhaber hiervon [dieses Bildes, das sich vor mir befindet] berechtigt ist (falls er es für angezeigt hält), als Käufer [oder vielmehr als Bieter, denn es handelte sich zweifellos um eine Versteigerung] der Bilder des Herrn Hogarth aufzutreten, die am letzten Tag dieses Monats verkauft werden sollen«.[61]

Das hier vor uns befindliche Bild ist demnach ein Bild, das als Erlaubnis fungiert, Bilder zu erwerben: Es verspricht einen möglichen Tausch, wenn nicht gegen ein anderes Bild, dessen Bezahlung es in der Tat darstellen würde, dann wenigstens gegen die *Möglichkeit*, damit andere zu erstehen. Es ist ein Bild, dass einen Umschlagplatz der Bilder charakterisiert und Zugang zu ihm wie zum Raum ihrer Zirkulation und ihres wirtschaftlichen Wettbewerbs gibt. Kurzum zu dem, was ich woanders eine Ikonomie habe nennen können.

Die Kommentatoren und Exegeten von Hogarths Werk haben versucht, dieses Bild (des Konflikts oder Tausches) von Bildern zu entziffern. Man hat rechts und im Schatten auf der Staffelei die

---

61 *The Bearer hereof is Entitled (if he thinks proper,) to be a Bidder for Mr. Hogarth's Pictures, which are to be sold on the Last day of this Month.*

Szene des *Tête à Tête* als das zweite Bild der um 1743 von Hogarth gemalten Serie *Marriage A-la-mode* identifiziert, ein Gemälde, das durch eine in es eingedrungene Reproduktion der berühmten *Aldobrandinischen Hochzeit*, ein römisches Freskogemälde aus augusteischer Zeit (man kann es in den Vatikanischen Museen betrachten), aufgeschlitzt ist. Man kann auch die Kopie eines *Franz von Assisi* erkennen, die mit ihrer rechten unteren Ecke scharf in die Szene *Morning* eindringt, die die Serie *Four Times of the Day* einleitet, welche Hogarth 1736 malte und dann 1738 radierte.[62]

Aber noch bevor man was auch immer darin wiedererkennt oder identifiziert, frappiert dieser Stich dadurch, dass man dort keinen einzigen Käufer, keinen Zuschauer ausfindig machen kann. Es gibt hier buchstäblich *niemanden* (man errät allerhöchstens in der oberen linken Ecke, am Ende der Treppe, die winzige Figur eines Auktionators sowie dessen Emblem, den Auktionshammer, der auf einer, in der Mitte der sich über den Horizont verteilenden Gemälde, aufgestellten Fahne gemalt wurde). Es gibt nichts anderes außer die in der Luft zirkulierenden – fliegenden – und aufeinanderprallenden, sich aufreißenden und miteinander im Wettbewerb stehenden Gemälde, die sich nur auf sich selbst beziehen, die nur unter und für sich vorzukommen scheinen, *ohne uns*. Eine nicht von Menschenhand geschaffene Ikonomie.

Was würde über den englischen Kontext des 18. Jahrhunderts hinausgehend passieren, wenn wir dieses Bild – so wie es dies von sich aus nahezulegen scheint – als ein von einem unbekannten Ort und aus unbekannter Zeit auf unseren Planeten gefallenes

---

62 Siehe insbesondere Thomas Clerk, *The Works of William Hogarth: (Including the ›Analysis of Beauty,‹) Elucidated by Descriptions, Critical, Moral, and Historical ; Founded on the Most Approved Authorities*, Band II, London 1812, S. 67f.

William Hogarth, *The Battle of the Pictures*, 1745.

ansehen würden? Vielleicht erschiene es uns wie ein Ausschnitt, ein Fragment der universellen Bilderzirkulation, wie sie sowohl hier auf Erden als auch im All existiert; nicht bloß auf und unter der Erde – wenn man an die Kabel, durch die die meisten Bilder heutzutage befördert werden, denkt –, sondern auch in der Atmosphäre und im Orbit, in dem die Satelliten kreisen, die sie ebenfalls verbreiten.

Betrachten wir dieses Bild der Bilderwirtschaft und des Bilderhandels, als ob es einem Markt des Sichtbaren mit weiträumigeren Dimensionen entnommen worden wäre, einem allgemeinen ikonomischen Markt. Beschäftigen wir uns mit dem Bild, als ob es uns das zu sehen oder zu denken geben könnte, was wir, indem wir einen Ausdruck von Georges Bataille leicht verändert aufgreifen, *die Ikonomie im Rahmen des Universums* nennen werden.

Die ikonomische Verausgabung darstellen

Bataille hat vorgeschlagen, die Ökonomie entsprechend einer erweiterten Sichtweise zu verstehen. In *Der verfemte Teil* schlägt er vor, die »Bewegung der Energie auf der Erde« ökonomisch zu betrachten. Und einige Jahre zuvor (1946) hatte er auch reihenweise Notizen der Idee einer »Ökonomie im Rahmen des Universums« gewidmet, sprich einer Ökonomie, die »die Lebenswelt im ganzen« studieren sollte.[63]

Diese Verallgemeinerung des Konzepts der Ökonomie läuft fürs Erste darauf hinaus den Maßstab zu verändern, indem sie die engen Grenzen, in denen die Ökonomie gewöhnlich eingeschlossen ist, verschiebt. Auf die von Bataille im ersten Kapitel von »Der verfemte Teil« gestellten Frage: »Muss das System der menschlichen Produktion und Konsumtion nicht im Rahmen eines viel größeren Komplexes erforscht werden?«,[64] würde ich hier gerne anknüpfen und fragen: Müsste man nicht versuchen die Bilderzirkulation, von der uns Hogarths Gravur einen beschränkten Einblick gibt, zu verstehen, indem man sie im Zusammenhang einer auf die Dimensionen des Universums erweiterten Ikonomie betrachtet?

---

63 Vgl. Georges Bataille, »Der verfemte Teil«, in: *Die Aufhebung der Ökonomie*, Berlin 2001, S. 8. Sowie im gleichen Band: »Die Ökonomie im Rahmen des Universums« (1946), S. 291.

64 Georges Bataille, »Der verfemte Teil«, a.a.O., S. 16.

Was die von Bataille gedachte universelle Ökonomie von der üblichen Auffassung der Ökonomie nun aber unterscheidet, ist »[d]er Gesichtspunkt des Energieüberschusses«[65]: In der allgemeinen Ökonomie, schreibt er, hat »die Verausgabung (oder die Verzerrung) der Reichtümer Vorrang [...] vor der Produktion«.[66] Man muss folglich den puren Verlust als Ausgangspunkt nehmen, der nichts mit einem Überschuss zu tun hat, den eine eingeschränkte Ökonomie kapitalistischer Art produziert und deren scheinbarer Überschuss nur dazu bestimmt ist, konsumiert zu werden, um sich wieder in den Zyklus der Reichtumsakkumulation einzuschreiben (wir lesen so in den Fragmenten einer aufgegebenen Version von »Der verfemte Teil«, dass »der Kapitalismus nicht die Beseitigung des unproduktiven Aufwands herbeigeführt hat: [...] er hat danach gestrebt ihn auf die Konsumtion seiner Produkte zu reduzieren«).[67]

Wir ahnen es bereits: Die Ökonomie der Bilder, die Hogarth auf seinem Stich darstellt, ist zwischen diesen beiden Perspektiven hin- und hergerissen. Denn selbstverständlich handelt es sich

---

65 Georges Bataille, »Die Ökonomie im Rahmen des Universums«, a.a.O., S. 295.

66 Georges Bataille, »Der verfemte Teil«, a.a.O., S. 7.

67 Georges Bataille, »La Limite de l'utile (1939–1945)«, in: *Œuvres complètes VII*, S. 223. Siehe auch S. 231: »Dieses tentakelartige System unterscheidet sich von den anderen dadurch, dass es nur etwas verausgabt, weil es dabei *noch mehr* in sich aufnimmt, den Verlust übertrifft. [...] Das Kapital [...] erreicht das größte Absorptionsvermögen durch Kraftaufwand und kann nur Kraft abgeben, weil es mehr in sich aufgenommen hat, als es aushändigt. Dies setzt die Existenz von noch nicht reduzierten, aber reduzierbaren Kräften außerhalb des Systems voraus – entweder in der Gestalt von zurückgebliebenen Ländern oder in Form von noch nicht erschlossenen (aus neuen Erfindungen hervorgegangenen) Möglichkeitsbereichen. Unterlässt es das System, neue Kräfte in sich aufzunehmen, hört es sogleich auf seine Produkte zu überlassen.«

einerseits um einen Umschlagplatz für Bilder, auf dem die Ausgaben begrenzt und geregelt sind: Die *The Battle of the Pictures*-Szene ist die einer Auktion, auf der man – auf manchmal spektakuläre oder akrobatische Weise – ein Gleichgewicht zwischen Angebot und Nachfrage anstrebend den besten Preis erzielen will. Aber anderseits – indem sie den Menschen (fast) verschwinden lässt und die Bilder unbegrenzt vervielfacht (sie im Fluchtpunkt der Perspektive rasch vermehren lässt) – gibt uns der Stich gerade auch etwas über die Grenzen dieses ikonischen oder ikonomischen Marktes, ja über sein ihm Äußeres oder über ihn Hinausgehendes, zu denken. Und deshalb müssen wir dem von Bataille in »Die Ökonomie im Rahmen des Universum« geebneten Weg folgen, der »das ökonomische Problem gegen den Strich kehr[t]«, »den gewohnten Blickwinkel« umdrehen will und berücksichtigt, dass »*die Erdkugel ein Bedürfnis [hat] zu verlieren, was sie nicht halten kann*«.[68] Uns erwartet sodann diese von Bataille inspirierte Frage: Worin bestünde in der Ökonomie des Sichtbaren eine Ausgabe, die reine Verausgabung wäre? Oder anders gefragt: Wo und ab wann könnte es so etwas wie *vergebliche* Bilder geben – *endlose* Bilder, Bilder *so weit das Auge reicht*?

Doch bevor wir Bataille derart einer universellen Ikonomie zur Seite stellen, müssen wir noch einen Moment bei dem verweilen, worin das oft bemerkte Paradox seiner Hypothese besteht. Denn es handelt sich für ihn nicht nur darum, ein im Übrigen unbeeinträchtigt gebliebenes ökonomisches Konzept zu verallgemeinern und, ohne es anzurühren, auszuweiten, ihm eine umfassendere Ausdehnung zu verleihen, ohne das es davon betroffen wäre. Es geht auch darum, mit dem Begriff der puren Verausgabung die

—

68 Georges Bataille, »Die Ökonomie im Rahmen des Universums«, a.a.O., S. 294 (Hervorhebung im Original).

Ökonomie auf ein über sie Hinausgehendes hin zu öffnen, was man zweifellos als unökonomisch bezeichnen müsste, da es sich jeglicher durchdachter Planung in puncto Rendite und Rentabilität entzieht. Über diese beiden widersprüchlichen Bewegungen – die Ökonomie verallgemeinern und über sie hinausgehen – können wir *zugleich* in einer bemerkenswerten Passage[69] aus »Der verfemte Teil« lesen. Bataille bedauert darin zunächst, dass die Ökonomie »niemals als *Gesamt*phänomen gesehen wird«, dass sie auf »*partikulare* Systeme [...] (der Organismen oder der Unternehmen)« begrenzt bleibt. Doch der Bereich der »Wirtschaftswissenschaft«, fügt er anschließend hinzu, wird dadurch eingeschränkt, dass er sich damit begnügt, Vorgänge zu berücksichtigen, »die zu einem bestimmten Nutzen unternommen werden«; oder anders gesagt: »[Er] zieht niemals das Kräftespiel der Energie in Betracht, das von keinem partikularen Zweck begrenzt wird«. Diese Passage ist insofern bemerkenswert, als dass sie in wenigen Sätzen gleichzeitig die Verallgemeinerung der Ökonomie *und* das über sie Hinausgehen hin auf einen unökonomischen Horizont, der der Herrschaft des Nützlichen, das heißt der Zweckbestimmtheit entkommt, zum Ausdruck bringt – oder zumindest das Entfliehen menschlicher Zwecke ausdrückt, denn der Übergang von der eingeschränkten zur allgemeinen Ökonomie geht notwendigerweise mit einem Bruch mit dem Anthropozentrismus einher.[70]

—

69 Georges Bataille, »Der verfemte Teil«, a.a.O., S. 20.
70 Siehe insbesondere den bemerkenswerten kleinen Text *Himmelskörper* von 1938. [Anm. d. Ü.: Text nur teilweise von Axel Matthes ins Deutsche übertragen, in: *Georges Bataille nach Allem*, Berlin 2016, S. 9–11. Originaltext »Corps célestes«, in: *Œuvres complètes, tome I, Premiers écrits 1922–1940*, Paris 1973, S. 514–520. Seitenangaben dementsprechend.] Bataille stellt in dem Text zunächst (*Œuvres complètes* I, S. 517) dem »außergewöhnliche Verlust«, der die Sonne (als »glühender Stern«, der nicht aufhört »seine Kraft großzügig im Weltall zu verteilen« und ohne Berechnung gibt) charakterisiert, »die

Summa summarum scheint der Ausdruck *Allgemeine Ökonomie* folglich selbst aporetisch zu sein, und zwar genau dort, wo Zahlungsverkehr und Rechnungswesen im Begriff sind, unterbrochen zu werden, dort wo das ökonomische Motiv über seine mögliche Verallgemeinerung hinausgehend buchstäblich überschritten werden könnte. Was verbliebe denn von der Ökonomie in einer allgemeinen Ökonomie, die nicht mehr rechnen würde, die keinerlei Kapitalrendite mehr vorhersähe? Warum sollte man sie weiter mit diesem obsoleten Wort »Ökonomie« belegen?

Diese Aporie plagt Bataille in seinem quälenden Oszillieren. Bereits lange vor »Der verfemte Teil« können wir darüber in dem kurzen Text »Der Begriff der Verausgabung« von 1933 lesen. Auf der einen Seite fordert Bataille darin, eine Perspektive einzunehmen, die man meta-ökonomisch nennen könnte, da sie

---

Abwesenheit der Strahlung« (ebd., S. 518), die die Erdoberfläche kennzeichnet, gegenüber. Je weiter man sich vom »zentralen Kern« der Erde Richtung Erdkruste und Erdatmosphäre entfernt, desto »stärkere Kräfte [formen sich, die] nicht mehr Kräfte spenden, sondern im Gegenteil verschlingen«. Und Bataille fährt fort: »Der Anthropozentrismus stellt den Gipfel dar, als Vollendung dieser Tendenz« (S. 9), das heißt als Ergebnis der Abkühlung, die Energie erfordert, anstatt welche zu liefern: »[...] die Abnahme der materiellen Energie auf dem Erdball hat die Konstitution autonomer menschlicher Existenzen möglich gemacht, die ebenso viele Verkennungen der Bewegung des Universums sind. Diese Existenzen sind der des Feudalherrn vergleichbar – der in dem Maße abhängig wird, wie die Zentralmacht aufhört, energisch zu handeln (energetisch wirksam zu sein). Aber die Gier des Menschen ist im Ganzen genommen sehr viel größer als die, die dem lokalen Souverän zu eigen ist. Letzterer begnügt sich damit, die Bevollmächtigen des Königs daran zu hindern, sich in seine Geschäfte zu mischen, während der Mensch das Bewusstsein von der Wirklichkeit der Welt verliert, die ihn trägt – ebenso wie der Parasit die Ausbrüche von Schmerz oder Freude desjenigen ignoriert, von dem er sich nährt.« (ebd.) Anthropomorphismus oder Anthropozentrismus sind, wie wir sehen, Folgeerscheinungen des Vergessens oder einer Verschleierung der allgemeinen Ökonomie.

den »grundlegenden Wert des Begriffs *nützlich*« hinterfragt (die Nützlichkeit des Nützlichen, wenn man so will, oder den Wert des Gebrauchswert) und die ein »*Interesse* an erheblichen Verlusten« hat (das Nutzlose letztendlich als übergeordnete Investition ansieht). Und auf der anderen Seite bestätigt Bataille aber auch den radikal unökonomischen Charakter der puren Verzerrung, wenn er ein »Prinzip des Verlustes, d.h. der bedingungslosen Verausgabung« berücksichtigt, das »dem ökonomischen Prinzip der ausgeglichenen Zahlungsbilanz [widerspricht]«.[71]

Die Verbindungsstelle dieser im Herzen von Batailles ökonomischen Diskurs wirkenden Aporie ist die Gabe. Und wir müssen ihr um so mehr unsere Aufmerksamkeit schenken, als es sich – wir kommen darauf zurück –, um eine Gabe des Lichts handelt, d.h. eine der Sichtbarkeit. Die Gabe, wie sie Bataille auffasst, ist im Grunde genommen ein *Sichtbarmachen* im ganzen Universum.

Der Ursprung von »Der verfemte Teil«, Bataille sagt dies ausdrücklich in einer Fußnote,[72] war die Lektüre von Marcel Mauss' *Die Gabe*, einem Text, der sich der Institution des *Potlatch* widmet, also der Gabe, die den Beschenkten zwingt mehr als er bekommen hat, in Form einer Gegengabe, die in der Großzügigkeit noch weiter geht, zurückzugeben. Der *Potlatch* ist folglich der Ort des aporetischen Oszillierens zwischen dem über das ökonomische Kalkül hinausgehenden Exzess (der reinen Großzügigkeit eines Gebens ohne Gegenleistung) und der Überbietung des Kalküls in einer Hyperökonomie (die Unentgeltlichkeit wird selbst zu einer Rivalität, zu einem Konkurrenzkampf, zu einem Wettbewerb, sodass Geben auf Gewinnen hinausläuft. Wie Bataille so schön

---

71 Georges Bataille, »Der Begriff der Verausgabung«, in: *Die Aufhebung der Ökonomie*, a.a.O., S. 9, 10 und 13.

72 Georges Bataille, »Der verfemte Teil«, a.a.O., S. 240.

formuliert: Wer auf diese Weise gibt, »bereichert sich um die Verachtung des Reichtums«).[73]

Vom Standpunkt der allgemeinen Ökonomie, die uns hier interessiert, ist der Potlatch allerdings nur eine bestimmte und anthropozentrische Version der Gabe. Denn für Bataille ist es vor allem die Sonne, die gibt. Und die ohne Bedingungen gibt, die »die Energie – den Reichtum – ohne Gegenleistung spendet«. Sie »gibt, ohne je etwas dafür zu sehen«,[74] sie »[*verliert*] *sich ohne Berechnung*«.[75] Wäre die echte Gabe, die die diesen Namen verdient – die einzige, die bedingungslos ist und keine Erwiderung des Aufwands erwartet – das Tagesgestirn? Wäre es die Sonnenenergie, die gewissermaßen das in »Der verfemte Teil« als »Ideal« jeglicher Zuwendung Beschriebene realisiert, nämlich »ein *Potlatch*, der nicht erwidert werden kann«?[76]

Sichtbarkeit verleihen, das Leben schenken: Vielleicht führen uns die endlosen, so weit das Auge reicht, vervielfachten Bilder in Hogarths Stich zum Ursprung dieser Gabe, zu seinem Auftauchen.

Ein Überborden der Bilder

Wir befinden uns wieder vor *The Battle of the Pictures*. Beim Anschauen dieses Bildes der Zirkulation und des Wettstreits von Bildern, beim Betrachten dieses Metabildes, sehen wir vor allem Rahmen, unzählige Bilderrahmen. Quadrate (vom Italienischen

---

73 Ebd., S. 83.

74 Ebd., S. 28.

75 Georges Bataille, »Die Ökonomie im Rahmen des Universums«, a.a.O., S. 291 (Hervorhebung im Original).

76 Georges Bataille, »Der verfemte Teil«, a.a.O., S. 84.

quadro), die sich unbegrenzt vermehren und gleichzeitig versuchen sich ineinanderzufügen. Der Stich ist selbst in quadratischem Format gerahmt und sein eigener Rahmen begrenzt Rahmen oder Quadrate, die wiederum andere Rahmen oder Quadrate zu umfassen versuchen.

Ich bestehe auf diese viereckige und rahmende Geometrie, weil gerade die Möglichkeit, einen Kreislauf in einem Rahmen einzuschließen, eine Ökonomie im geläufigen Sinne (in der die Ausgaben eigentlich reguliert werden sollten, da sie dazu bestimmt sind, reinvestiert zu werden) von einer allgemeinen Ökonomie im Sinne Batailles unterscheidet (einer Ökonomie, die über sich hinausgeht, in der die pure Verausgabung sich nicht mehr einschränken lässt und überall übertritt).

Die Bilder, die wir in Hogarths Stich sehen, erscheinen zugleich gewillt und verpflichtet zu sein, aus dem Rahmen herauszutreten. Denn einerseits sind die Bilder, die sich aneinanderdrängen, so zahlreich geworden, dass sie nicht mehr im Inneren gehalten werden, und andererseits sieht es so aus, als versuchen sie sich von diesem beschränkten Bildraum, der sie einsperrt und zurückhält, zu befreien, um ein Übermaß anzustreben, dessen grenzenlose Bewegung wir versuchen sollten, uns vorzustellen.

Auf mindestens drei Arten treten sie aus dem Rahmen heraus. Versuchen wir diese, eine nach der anderen, zu beschreiben und zu charakterisieren:

1. Die Bilder vermehren sich unbegrenzt in Richtung des hinteren Teils des Stichs, als ob die nicht aufzuhaltende Vervielfältigung ihrer Nachbildungen sie zwänge, den Hintergrund immer weiter nach hinten, bis hin zum Fluchtpunkt der Perspektive zu verschieben. Denn bei den drei links zu sehenden Bilderreihen handelt es sich tatsächlich um unzählige Kopien: Von der Entführung Europas durch Zeus, dem Motiv der dritten Bilderreihe von

William Hogarth, *The Battle of the Pictures*, 1745, Detail.

links, erkennen wir auf dem zweiten Bild die Wiederholung eines gehörnten Stierkopfs, während wir auf dem zweiten Bild der ersten Bilderreihe ein Stück der Balken, auf denen der heilige Andreas gekreuzigt wurde, sehen. Und die Kennzeichnung »Dto« auf allen Abbildungen der Bilderreihen – also die Abkürzung von *dito*, das die Wiederholung des Gleichen ausdrückt – bekräftigt unsere Ahnung von unendlicher Wiederholung identischer Nachbildungen in jeder der drei Szenen (die mittlere Bilderreihe zeigt wie Apollo Marsyas die Haut abzieht). Als ob Hogarth die bildliche Übersättigung vorausgesehen hätte, deren Zeuge wir sind, wir, die in einem von Bildern beinahe überschwemmten Raum (»hundertprozentige[r] Bildraum«[77], schrieb Walter Benjamin) leben.

2. Viele Bilder stoßen, wie wir gesehen haben, in Hogarths Stich aufeinander und zusammen, als ob sie versuchen würden, sich zu durchdringen. In Abstand zur nunmehr etablierten Aus-

77 »Der Sürrealismus. Die letzte Momentaufnahme der europäischen Intelligenz«, in: *Gesammelte Schriften*, Band II/1, Frankfurt a.M. 1977, S. 309. Ich habe Benjamins Vision eines von Bildern überfluteten Raums auf mehreren Seiten in meinem Buch *Le Supermarché du visible* analysiert. Vgl. Peter Szendy, *Le Supermarché du visible*, a.a.O., S. 84–89.

William Hogarth, *The Battle of the Pictures,* 1745, Detail.

legung, der zufolge der Graveur den Bilderkrieg oder Wettstreit zwischen seiner eigenen Kunst und der Kunst der »alten Meister« (veranschaulicht durch die klassischen Szenen Europas, Marsyas und des heiligen Andreas), die in Hülle und Fülle imitiert werden,[78] darstellen wollte, kann man in dem sich uns dargebotenen Spektakel buchstäblich eine Bewegung sehen, die diese fliegenden Bilder dazu verleitet und veranlasst, den Zusammenhang und die erzwungene Beschränkung ihres individuellen Rahmens zu verlassen, um sich zu vermischen, sich gegenseitig zwecks einer allgemeinen Verschmelzung zu kontaminieren.

3. Schließlich gibt es zumindest ein Bild (ein Marsyas die Haut abziehender Apollo, den der Graveur durch vertikale Schraffierungen verfinstert hat), gibt es zumindest eine Kopie, die, indem sie sich über die Bilderreihe mit unzähligen Ihresgleichen erhebt und sich aufschwingt, nicht den Kontakt oder Austausch mit anderen Bildern sucht, sondern im Gegenteil versucht, sich von ihnen zu entfernen. Es ist ein zentrifugales – oder besser *ikonofugales* –

---

78 Vgl. Thomas Clerk, *The Works of William Hogarth,* II, a.a.O., S. 68.

William Hogarth, *The Battle of the Pictures*, 1745, Detail.

Bild, das in den Hintergrund und schräglaufend in Richtung der rechten oberen Ecke dieses übersättigten Bildraumes, in dem die Bilder dichtgedrängt sind, zu entfliehen scheint.

Dieses in Hogharts Stich lesbare dreifache Drängen, diese dreifache Regung, aus dem Rahmen herauszutreten, könnten jeweils durch Übersättigung, Ineinanderdringen und Flucht bestimmt sein. Als Figuren des Exzesses und des Überbordens weisen alle drei auf das hin, was ich Bataille folgend versucht bin, eine allgemeine Ikonomie zu nennen, für die *The Battle of the Pictures* die Vorwegnahme oder das vereinfachte Modell wäre.

Ein solcher, bis zur Hypertrophie gesättigter Bildraum weckt gewiss einige antike Erinnerungen an die epikureischen Theorie über die Bilder der Dinge, wie wir sie in Lukrez *De rerum natura* ausgeführt finden und für die auch Simondon geneigt war, sich zu interessieren, als er versuchte, den Kreislauf der Entwicklung der Bilder, ihre Ikonogenese, zu denken. Über jene von der Oberfläche der Körper gelösten Häutchen sagt Lukrez, dass sie »bald hierhin bald dorthin [*ultroque citroque*] umher in den Lüften [*per auras*] sich treiben«. Und etwas weiter fügt er hinzu, dass andere Bilder der Dinge existieren, die nicht von den Körpern ausgehend, »selbständigen Ursprungs [sind], die an dem Himmel entsteh[en], in dem Luftkreis, wie wir ihn nennen«: »Mannigfach sind die Bilder geformt, die droben sich regen. So erblicken wir oft, wie leicht sich die Wolken im Luftraum ballen und Finsternis bringend der Welt die Heiterkeit rauben, wenn sie in stürmischem Sausen das Luftmeer peitschen«.[79]

Man kann allerdings der Meinung sein, dass *The Battle of the Pictures,* indem es das sich Aufschwingen der Bilder in Szene setzt, nicht bloß in die antike Vergangenheit blicken lässt, sondern auch in die Zukunft, auf unsere Gegenwart. Was ist ein fliegendes Bild? Was soll dieser »luftige Konflikt« (*aërial conflict*) der Bilder sein, von dem der Autor der zweifelsfrei ersten Monographie über Hogarth, die ein halbes Jahrhundert nach dessen Tod erschien, sprach?[80]

Hogarth war selbstverständlich weit davon entfernt, sich vorstellen zu können, inwieweit der Luftraum besiedelt und nach

---

79 *De rerum natura,* IV. Buch, Zeile 32 und Zeilen 129–133.
80 Thomas Clerk, *The Works of William Hogarth,* II, a.a.O., S. 68.

und nach der Schauplatz eines wahrhaftigen ökonomischen Krieges zwischen und um Bilder werden sollte. Die früheste erhaltene Luftfotografie – ein durch James Wallace Black aus einem Heißluftballon aufgenommener Anblick Bostons – stammt vom 13. Oktober 1860, also knapp ein Jahrhundert nach *The Battle of the Pictures*. In der Zeitschrift *The Atlantic Monthly* begeistert sich der Bostoner Arzt und Dichter Oliver Wendell Holmes für die Möglichkeit, die Stadt »wie der Adler und die Wildgans zu sehen«, während Nadar zur selben Zeit daran denkt, die »Aufnahme aus dem Luftballon« für einen »strategischen« (militärischen) Gebrauch und für die Landvermessung zu nutzen (er verspricht sich davon »einen nicht zu verachtenden, redlich verdienten Profit, [den er] nicht gänzlich außer Acht lasse«).[81] Zum Luftballon gesellte sich bald der Flugdrachen, den der Fotograf Arthur Batut ab 1889 mit einer Dunkelkammer ausrüstete, deren Verschluss entweder durch das Verbrennen einer »Glimmschnur« (die er auch »Zeitschnur« nannte) oder mittels durch Drähte an den Manövrierfäden geleitete Elektrizität ausgelöst wurde. Batut beabsichtigte die Erhöhung dieses fliegenden Aussichtspunkts, indem er serien- oder kettenweise miteinander verbundene Drachen, die als Zwischenstationen die Seillänge um ein Vielfaches steigern sollten, hoch hinaus schickte: »Wir starten einen ersten Drachen. Wenn er die Seilmenge, die er tragen kann, mit sich hochgezogen hat, befestigen wir das Seilende auf der Rückseite eines zweiten Drachens, der sich seinerseits in die Luft erhebt und die Höhe des

---

81 Oliver Wendell Holmes, »Doings of the Sunbeam«, in: *The Atlantic Monthly*, Juli 1863, S. 12. James Wallace Blacks Fotografie ist mittlerweile unter diesem Titel – *Boston, as the Eagle and the Wild Goose See It* – bekannt (das Metropolitan Museum of Art in New York besitzt von dem Foto einen Abzug). Nadar berichtet von seinen Luftaufnahmeversuchen aus einem Ballon heraus in: *Als ich Photograph war*, Frauenfeld 1978. Zitate, S. 68, 72, 74.

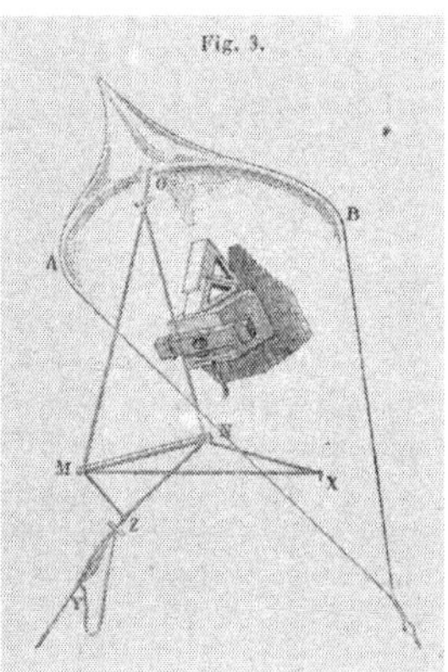

Arthur Batut, Skizze des Flugdrachen, 1890.

ersten um das erhöht, was er selber erreichen kann. So fahren wir mit einem dritten, einem vierten Drachen fort.«[82]

Das Aufkommen von fotografierenden Tauben – für deren Ausrüstung der deutsche Apotheker Julius Neubronner 1907 ein Patent anmeldete – führte zu einer immer bedeutenderen Anzahl an den Himmel durchziehenden Bildkollektoren, die im Gegensatz zum exquisiten, überragenden Alleinsein standen, das Nadar

---

82 Arthur Batut, *La Photographie aérienne par cerf-volant*, Paris 1890, S. 48 (das erste durch einen Drachen aufgenommene Foto ist dem Buchtext vorangestellt). Das sechste, der »Nützlichkeit von Luftaufnahmen« gewidmete Kapitel (S. 62f.) greift die von Nadar in Erwägung gezogenen Anwendungen (die militärische Strategie und die Landvermessung) wieder auf und fügt ihnen einen sondierenden und freizeitlichen oder spektakulären Gebrauch hinzu (S. 63: »Ein jeder wird sich der Illusion eines halsbrecherischen Aufstiegs hingeben und die Welt ohne Risiko von oben bewundern können.«), für den wir die heutige Entsprechung in den Drohnen finden. In *The Story of the Earth's Atmosphere* (New York 1898, S. 174) behauptet der englische Meteorologe E. Douglas Archibald einen Drachen verwendet zu haben, um ab 1887 »darunter Objekte zu fotografieren«. Jedoch scheint kein einziges Negativ erhalten zu sein.

Miniaturkamera zur Befestigung an einer Brieftaube (1914).

noch einige Jahrzehnte zuvor während seiner ersten Ballonflüge genoß (»Frei und ruhevoll, gleichsam eingesogen von der lautlosen, grenzenlosen Weite, die ihn aufnimmt, wo keine menschliche Kraft, keine böse Macht ihn erreichen kann, fühlt sich der Mensch [...] zum ersten Mal richtig leben. Losgelöst von jeder Verbindung mit der seinem Blick entschwindenden Menschheit, die noch in ihren größten Werken [...] so klein erscheint, vermag er endlich zu atmen«).[83] Die mit Kameras versehenden Brieftauben gesellen sich von da an zu den zum Himmel aufsteigenden Drachen, lösen aber auch nicht das Problem des zeitversetzten Auslösens der Luftaufnahme aus der *Vogelperspektive* (wie sich Neubronner in seiner Patentanmeldung ausdrückt). Weil der Moment der Filmbelichtung nicht durch menschliche Bedienung kontrolliert werden kann, braucht es einen, der »Zeitschnur« von Batut vergleichbaren, Verzögerungsmechanismus. Der von Neubronner

---

83 Nadar, *Als ich Photograph war*, a.a.O., S. 68f. Julius Neubronner meldete am 21. Juni 1907 am Kaiserlichen Patentamt unter der Nummer 204721 das Patent an. Siehe Franziska Brons, »Bilder im Fluge. Julius Neubronners Brieftaubenfotografie«, in: *Fotogeschichte. Beiträge zur Geschichte und Ästhetik der Fotografie*, Jahrgang 26, Nr. 100, 2006 (die Fotografie, die Neubronner als das »erste Bild, welches von einem Vogel im Fluge aufgenommen wurde«, beschrieb, findet sich auf S. 19).

gebaute *Zeitverschluss* funktioniert dank eines pneumatischen Systems: Ein mehr oder weniger stark mit Luft gefüllter Gummiball schwillt gemäß eines im Voraus berechneten Zeitraums ab, um in Übereinstimmung mit dem Ort, den die Taube vermutlich zu dem Zeitpunkt erreicht, den Verschluss zu öffnen.

Während die Luftfahrt diese Techniken, auf die wir heute einen nostalgischen oder rührenden Blick werfen, nach und nach obsolet werden ließ, wurde der Luftraum ebenfalls zu einem Durchgangsort für auf neue Transportmittel befestigte Bildsensoren, die die sogenannte Kármán-Linie (benannt nach dem ungarischen Physiker Tódor Kármán) überwunden haben, sprich die Grenze oberhalb der die Atmosphäre zu dünn wird, um einen Auftrieb zu erzeugen, der es erlauben würde, der Schwerkraft zu widerstehen. Die erste aus dem Weltraum durch eine V-2 No. 13-Rakete aufgenommene Fotografie der Erde stammt vom Oktober 1946. Nun hatte sich aber genau ein Jahr zuvor, im Oktober 1945, der Science-Fiction-Autor Arthur C. Clarke in seinem bahnbrechenden Aufsatz »Extra-terrestrial Relays« das vorgestellt, was bald Wirklichkeit werden sollte: Der Weltraum könnte nämlich nicht bloß ein privilegierter Aussichtspunkt zur Beobachtung der Erde sein, sondern auch einer der hauptsächlichen Verkehrswege, der den Bildtransport über lange Strecken (zusammen mit den unterirdischen und unterseeischen Kabeln) gewährleistet. Clarke, der Kubrick auf die Idee der Monolithen für 2001 brachte, versicherte, dass die Telekommunikation in Zukunft ein Netzwerk von künstlichen Satelliten durchlaufen werde (er zog damals drei Satellitenstationen für eine weltweite Versorgung in Erwägung).[84]

---

84 Arthur C. Clarke, »Extra-terrestrial Relays«, in: *Wireless World*, Oktober 1945, S. 306: »Three satellite stations would ensure complete coverage of the globe.«

Seit dem ersten sowjetischen Sputnik – dessen Flugbahn im Orbit Heideggers Vortrag beeinflusste, den er 1957 zwei Monate nach dem Satellitenstart hielt – rotieren zufolge der von der Europäische Weltraumorganisation erhobenen Daten gegenwärtig mehr als sechstausend Satelliten um den Planeten, wobei etwas mehr als dreitausend noch funktionieren. Aber hinter dieser Zahl verbirgt sich eine andere: Die ungefähr zehntausend seit Beginn des sogenannten Weltraumzeitalters in den Weltraum geschossenen Satelliten haben in ihm auch unzählige Abfälle und Trümmer verbreitet (fast eine Million, wenn man einzig jene zählt, die größer als ein Zentimeter sind).[85] Das Kollisionsrisiko – und somit die exponentielle Zunahme eben jener Trümmer, die die Kollisionen verursachen – droht unkontrollierbar zu werden.

Unterwegs zum allgemeinen Dauerstau

Nehmen wir etwas Abstand, um das Ausmaß dessen zu erkennen, was uns anhand dieses durch Augenprothesen eingefassten und von »Optorouten« durchdrungenen extraterrestrischen Gürtels widerfährt, und erinnern wir uns an die Art und Weise, wie Nadar zur Zeit der in den Anfängen steckenden Luftaufnahmen über den Transport der aus der Höhe gewonnenen Bilder berichtet. Seinen luftigen Aussichtspunkt mit einem »Dorfkirchturm [...], von dessen Höhe aus ein Stabsoffizier seine Beobachtungen

---

85 Die Angaben wurden am 8. Januar 2021 auf der Internetseite www.esa.int (»Space Debris by the Numbers«) aktualisiert. Heidegger erwähnt den Sputnik mehrmals im Laufe der drei Vorträge, die den Band *Unterwegs zur Sprache* bilden (vgl. hauptsächlich S. 154f.). Der erste der drei Vorträge wurde am 4. Dezember 1957 gehalten, auf den Tag genau zwei Monate nach dem Start des ersten künstlichen Satelliten am 4. Oktober.

anstellen kann«, vergleichend, schrieb er: »[I]ch führe meinen Kirchturm mit mir herum, und meine Linse kann endlos hintereinander Diapositive verfertigen, die ich von meiner Gondel aus auf die einfachste Art unmittelbar dem Hauptquartier zukommen lasse; dazu genügt eine kleine Schachtel, die an einem Seil zu Boden gelassen wird und mir nach Bedarf Instruktionen zurückbringt.«[86] Die »Zustellung« der Bilder, von der Nadar spricht – das heißt der buchstäbliche Transport und die Lieferung dieser Ware –, nahm Zeit in Anspruch und verlangte relativ schwergewichtigen Materialtransport. Dieser war gewiss im Hinblick auf das, was Aby Warburg als »ersten noch kolossalischen Typus« eines *automobilen Bilderfahrzeugs* hatte beschreiben können (womit eigentlich die flämischen Teppiche, die »von der Wand losgelöst« werden konnten, um woanders hin überführt zu werden, gemeint waren), leichter geworden.[87] Doch die Beförderung der Bilder war noch weit davon entfernt, die scheinbare Unmittelbarkeit einer Satellitenübertragung zu besitzen.

Angesichts der technologischen, logistischen und infrastrukturellen Voraussetzungen der Satellitenübertragung (die mit Elektronik gespickten Satelliten und ihre Trägerraketen, die Parabolantennen und Anzeigebildschirme am Boden, ganz zu schweigen von den fossilen Energieträgern wie Metalle und Seltenen Erden, all den Rohstoffen und Experten, derer es bedarf) scheint der Ausdruck der Unmittelbarkeit jedoch ein regelrechter Widerspruch, ein Oxymoron zu sein. Gewiss unterlagen die ersten Luftbilder

86 Beide Zitate in: Nadar, *Als ich Photograph war*, a.a.O., S. 70.

87 Aby Warburg, »Einleitung. Bilderatlas« (1929), in: *Der Bilderatlas Mnemosyne*, Band II.1, Berlin 2000, S. 6. Von 1907 an, in einem den burgundischen Teppichen gewidmeten Artikel, schlägt Warburg vor in ihnen »*ein bewegliches Bildervehikel*« zu sehen. Siehe »Arbeitende Bauern auf burgundischen Teppichen«, in: *Gesammelte Schriften*, Band I, 1–2, 1932, S. 223.

Nadar in einem Ballon.

sowohl bei ihrer Aufnahme (geplant mithilfe einer »Zeitschnur«) als auch bei ihrer Beförderung (Nadars »Zustellung«) einer zeitlichen Verschiebung. Aber weit davon entfernt, einfach zu verschwinden oder beseitigt zu werden, wird diese zeitliche Verschiebung ihrerseits noch aufgeschoben: Man wird niemals genug wiederholen können, dass sich die Unmittelbarkeit dadurch vollzieht, dass immer mehr technische Vermittlungen die *zeitliche Verschiebung verschieben*. Darum muss die Unmittelbarkeit vielmehr als eine Verdichtung, eine Saturierung, denn als eine Verknappung gedacht werden.[88]

88 Über die Unmittelbarkeit, die die Medien vervielfacht, siehe *Supermarché du visible*, a.a.O., S. 73–75.

Tatsächlich verdeckt der Bildersupermarkt, in dem wir leben – dieser von Bildern vollgestopfte Raum, den *The Battle of the Pictures* vorausnimmt –, eine andere Überlastung: jene der Verkehrswege des Sichtbaren, die die »automobilen Bilderfahrzeuge«, von denen Warburg sprach, gewährleisten. Denn die Verkehrswege, durch die die Bilder zirkulieren, sind entschieden verstopft.

Dort oben, in dem, was man sich allzu häufig als ein immaterielles Element vorstellt, dass die Unhaltbarkeit des Äthers besäße, herrscht ein Dauerstau. Aus seinem Luftballon sähe ein aufblickender Nadar heutzutage zweifelsohne Kohorten und Ketten von sich folgenden Satelliten, die zu dutzenden oder hunderten (im Rahmen des Starlink-Projekts des Raumfahrtunternehmens SpaceX) gleichzeitig ins All geschossen werden. Wie eine Autokolonne im Orbit. Oder noch schlimmer: Der Müll und die Schrottteile, die die Erde umkreisen und eine Art künstlichen Asteroidengürtel formen, sind wie Schrottfahrzeuge, wie Autowracks, die sich nach dem Unfall, aus dem sie hervorgegangen sind, weiter und mitten in den Verkehr geschleudert, im Umlauf befinden. Schon 1978 hatte der Astrophysiker Donald Kessler das mögliche Szenario einer Katastrophe im Orbit modelliert, die mittlerweile seinen Namen trägt (das sogenannte Kessler-Syndrom): »Mit der wachsenden Anzahl von künstlichen Satelliten in der Erdumlaufbahn steigt auch die Wahrscheinlichkeit an Kollisionen zwischen ihnen. Satellitenkollisionen werden Fragmente im Orbit hervorbringen, wobei jedes Fragment seinerseits die Wahrscheinlichkeit weiterer Kollisionen erhöht und zur Entwicklung eines Trümmergürtels rings um die Erde führt«. In einem späteren Artikel von 1991 rechnet Kessler mit einer solchen Zunahme dieser Satelliten-»Population«, dass sie regelrechte »Entrümplungsunternehmungen« erforderlich machen wird, eine Verwaltung des Weltraummülls oder der irdischen Ausscheidungen, die an die heftigsten Visionen Batailles erinnern, in denen er sich vorstellte, dass »dieser Erdball [...] den Inhalt seiner Gedärme« nach draußen ausstößt.[89]

Aber die Saturation des Verkehrs bedroht nicht nur die Erdumlaufbahn. Aus seinem fliegenden Korb sähe Nadar nicht allein über seinem Kopf – im sternbesäten Himmel – einen Verkehr, der dem irdischen Autobahnverkehr zu Stoßzeiten alle Ehre machen würde. Auch um ihn herum beginnt der Luftraum durch die ihn besiedelnden Drohnen verstopft zu werden, deren ziviler und militärischer Gebrauch sich in den kommenden Jahrzehnten vervielfachen wird: Während schon heute Patente für den Entwurf von Lieferplattformen angemeldet werden, die regelrechten Bienenstöcken ähneln,[90] schreitet in der Luft und anderswo die sogenannte »Schwarmrobotik« voran.

Kurzum, es gibt elektromagnetische Wellen oder Bilder übertragende Funktechnik, die, obwohl nicht sichtbar, die Atmosphäre im Sinne von Lukrez' Bildern der Dinge durchziehen und übersättigen. In den USA hat die Federal Communications Commission 2018 damit begonnen, meistbietend 5G-Frequenzbereiche für die Mobilfunknetze zu verkaufen, welche eine hundertfach schnellere Geschwindigkeit als bislang erlauben. Ähnliche Versteigerungen gab es 2020 in Frankreich. Nun entsprechen aber, wie ein kürzlich in der britischen Zeitschrift *Nature* veröf-

---

89 Georges Bataille, »L'Anus solaire« (1927), in: *Œuvres complètes*, I, a.a.O., S. 85. Vgl. Donald J. Kessler und Burton G. Cour-Palais, »Collision Frequency of Artificial Satellites: The Creation of a Debris Belt«, in: *Journal of Geophysical Research*, Vol. 83, Nr. A6, 1978, S. 2637; sowie Donald J. Kessler, »Collisional Cascading: The Limits of Population Growth in Low Earth Orbit«, in: *Advances in Space Research*, Vol. 11, Nr. 12, 1991, S. (12)63.

90 Von Amazon angemeldetes Patent für dessen *PrimeAir*-System; siehe Sam Levin, »Amazon Patents Beehive-like Structure to House Delivery Drones in Cities«, *theguardian.com*, 26. Juni 2017.

fentlichter Artikel betonte, diese Frequenzen beinahe jenen Frequenzen der vom Wasserdampf in die Atmosphäre abgegebenen Signale, welche Wettersatelliten zur Vorhersage dienen und die daher durch die möglichen Überschneidungen merklich an Präzision verlieren würden.[91] Die daraus entstehenden Konsequenzen könnten schwerwiegend sein. Insbesondere wenn es darum geht, den Kurs eines Orkans vorherzusagen.

Letztendlich stellt uns die Entwicklungslinie, die uns von der »Zustellung« der fotografischen Luftaufnahmen zum Satellitenstau auf den Optorouten und zur Kontamination von elektromagnetischen Frequenzen geführt hat, vor ein Paradox, dessen ikonomisches oder mediologisches Gesetz wir folgendermaßen formalisieren könnten: Je mehr das Luftmedium übersättigt und durch Innervationen strukturiert wird, die in ihm eine sofortige Übertragung verwirklichen, desto mehr ist seine potenzielle Unmittelbarkeit bedroht. Oder anders gesagt: Einerseits muss sich ein Medium unverzüglich entwickeln, das heißt unverzüglich verbreiten, um das Medium zu werden, was es ist, andererseits aber stößt diese Unverzüglichkeit des Mediums, insofern als sie das Resultat aller Wege ist, die sich in ihm bahnen, und des Verkehrs, der sich ihn ihm ergibt, schließlich an ihre eigene Grenze und ruft die Verstopfung des Mediums hervor, seine Überlastung.

Der gefüllte, mit Bildern vollgestopfte Raum, von dem uns *The Battle of Pictures* einen Vorgeschmack gab, dieser ikonomische Raum, der beinahe ein »hundertprozentiger Bildraum« (Walter Benjamin) ist, scheint sich nicht bloß auf der Erde (wie in der Erde und am Meeresgrund, den die Kabel durchziehen) zu kristallisieren und zu verfestigen, sondern auch in der Atmosphäre

—

91 Alexandra Witze, »Global 5G Wireless Networks Threaten Weather Forecasts«, *nature.com*, 26. April 2019.

und in seiner Umgebung, indem sie von Bilderschwaden und Bildervehikeln umhüllt wird, von einer gesättigten Ikonosphäre, die letztlich das Sehen eher unterbindet als unterstützt. Dort wo der antike, von Lukrez übertragene Materialismus Epikurs die Atmosphäre mit jenen Häutchen oder Schichten, jenen Simulakren bevölkerte, muss ein zeitgenössischer Materialismus zu den Bestandteilen der bildlichen Sphäre die Menge an infrastrukturellen Optorouten zählen, die die zusammengebraute Struktur einer gegen sich selbst gewendeten Sichtbarkeit bilden.

So weit das Auge reicht

Nehmen wir an, wir könnten die Erdatmosphäre verlassen, den Bildervehikeln im Orbit ausweichen und durch den künstlichen, sich zu einem Panzer verfestigenden Asteroidengürtel schlüpfen. Nehmen wir an, wir würden mit einer der zwei Voyager-Sonden reisen, die seit ihrem Start 1977 ihren Weg im interstellaren Raum fortsetzen und dabei ebenfalls Bilder transportieren, die analog auf einer goldenen Platte kodiert sind.[92] Zum Beispiel jenes niedrig aufgelöste Bild einer Frau, die vor einem Obst- und Gemüseregal im Supermark Weintrauben isst. Wer weiß: Vielleicht wird sie eines Tages von jemandem oder etwas gesehen werden, dort oben, so weit entfernt?

—

92 Vor der Ära des digitalen Bilds hatte die NASA zum gegebenen Anlass eine Technik der Umformatierung von Bildern entwickelt, die man folgendermaßen zusammenfassen kann: Man projiziert das Bild auf einen Bildschirm, man fängt es mit einer Fernsehkamera ein und gibt das Videosignal in Schallwellen wieder, die auf einer Scheibe gespeichert werden können. Die Ingenieure der NASA haben eine Anleitung für den umgekehrten Vorgang beigefügt, also für die Auslesung der besagten Bilder.

Stellen wir uns den Rahmen von *The Battle of the Pictures* in den Dimensionen einer Ikonomie vor, die die Gesamtheit der irdischen und außerirdischen Ikonosphäre umfasst. Stellen wir uns vor, das einzigartige fliegende Bild, das den anderen scheinbar entfliehen wollte, jenes Bild, das ich vorschlug *ikonofugal* zu nennen, würde mit hoher Geschwindigkeit in Richtung der Grenzen – aber wo befinden die sich? – dieses bildlichen, auf die Dimensionen des Sonnensystems, ja sogar des Universums, ausgeweiteten Raums geschickt. Wie weit würde es kommen? Würde sein Flug es möglicherweise zu einem eigentlichen ikonomischen Exzess führen, zu einem Überborden der reinen visuellen Verausgabung, die ein Bild, dessen Zirkulationsgeschwindigkeit die Sichtbarkeit überträfe, verkörpern würde? Mit ihm gäbe es im Bereich des Sichtbaren ein absolutes Differenzial der Geschwindigkeit: ein Bild, dessen »Zustellung« oder »Bilderfahrzeug« schneller als das Licht wäre.

Ich möchte die Aufgabe und die Verantwortung, uns einen Einblick in diese Hypothese zu geben, schließlich einer literarischen Fiktion überlassen. Denjenigen, die die Aussagekraft einer einen Text dem Visuellen vorziehenden Wahl anzweifeln, könnten wir entgegnen, dass die betreffende Erzählung nicht *nur* fiktional ist, da sie ihren Reiz – wie wir sehen werden – aus der zeitgenössischen Astrophysik bezieht, zumal diese Erzählung genau die Grenze – die äußerste Grenze – zu erfassen sucht, jenseits der die Bilder eben nicht mehr durchweg Bilder sind, da sie ihre *reine Verausgabung* nach sich ziehen.

Italo Calvinos Kurzgeschichte »Die Lichtjahre« aus dem Erzählband *Cosmicomics* beginnt mit dem folgenden narrativen Grundgerüst: »*Je weiter eine Galaxie entfernt ist, desto schneller entfernt sie sich von uns. Eine Galaxie, die zehn Milliarden Lichtjahre von uns entfernt wäre, hätte eine Fluchtgeschwindigkeit gleich der des Lichtes.*

300 000 km/sec.«[93] Man wird darin zweifelsfrei eine (vorweggenommene, glaube ich, denn sie war zum Zeitpunkt, als Calvino schrieb, in diesen Worten noch nicht formuliert worden) Version der Theorie der sogenannten »beschleunigten Ausdehnung des Universums« erkannt haben, die man heutzutage anhand jener kosmischen »Standardkerzen«, die eine Supernova vom Typ Ia oder die Cepheiden darstellen, zu beweisen versucht: Indem wir ihre theoretische Helligkeit mit jener, die uns erreicht, vergleichen, können wir ihre Entfernung sowie die Geschwindigkeit, mit der sie sich von uns entfernt, berechnen. Viele von der NASA mit dem Hubble-Teleskop eingefangene Bilder scheinen diese Hypothese zu bestätigen.

Calvinos narratives Grundgerüst wird, nachdem es eingangs der Erzählung, und kursiv gesetzt, formuliert wurde, in einer urkomischen Geschichte ausgeführt, die folgendermaßen beginnt: »Eines Nachts beobachtete ich wie gewöhnlich den Himmel mit meinem Teleskop. Da sah ich aus einer hundert Millionen Lichtjahre entfernten Galaxie ein Schild ragen, auf dem geschrieben stand: ICH HABE DICH GESEHEN. Ich machte eine rasche Überschlagsrechnung: Das Licht der Galaxie hatte hundert Millionen Jahre gebraucht, um mich zu erreichen, und da man von dort aus das, was hier vorging, mit hundert Millionen Jahren Verspätung sah, mußte der Zeitpunkt, an dem man mich gesehen hatte, zweihundert Millionen Jahre zurückliegen.« Was sich für den Erzähler als sehr unangenehm erweist, denn »vor genau zweihundert Millionen Jahren, keinen Tag eher und keinen später«, setzt er fort, »war mir etwas passiert, was ich seither stets zu verbergen gesucht hatte.« Der Erzähler schämt sich wegen dieses

---

93 Italo Calvino, »Die Lichtjahre«, in: *Cosmicomics,* München 1989, S. 240–256, hier: S. 240.

Zwischenfalls oder dieser Tat, »bedingt von so außergewöhnlichen Umständen«, und wartet darauf, dass das Vergessen diesen Zwischenfall unter sich begraben wird. Wobei sich die Frage stellt (der Erzählband äußert sich selbstverständlich nicht darüber), was Erinnern und Vergessen anhand solcher zeitlichen Dimensionen wohl bedeuten können. Jedenfalls würde er versucht haben, es zu verdrängen oder es – falls sich jemand einfallen ließe, in der Vergangenheit zu wühlen – zu dementieren. Das ist alles, was ein Zeuge darüber bezeugen kann.

In der Folge des blamablen Ereignisses, dessen genaue Natur wir niemals erfahren werden, breitet sich Calvinos Erzählung wie eine außergewöhnliche ikonomische Meditation über die Zirkulation intergalaktischer Nachrichten aus, die das Ereignis aufgreifen und kommentieren, d.h. über die Geschwindigkeit, mittels der Bilder und ihre, in den schriftlich festgehaltenen Blicken hinterlegten Spuren (die »ICH HABE DICH GESEHEN«) sich austauschen können. Ein Hin und Her im kosmischen Raum. Der erste Reflex (falls man bei solch einer Zeitdauer überhaupt noch von Reflexen sprechen kann) von jemandem, der sozusagen (wobei es offensichtlich hierbei nur eine sehr approximative Art ist, sich auszudrücken) auf frischer Tat ertappt wurde, ist, mit einem Schild zu antworten, das ein Versprechen, sich zu erklären, bekannt gibt: »LASST MICH DAS MAL ERKLÄREN«. Das Warten ist der dargestellte Unterschied der Zeit, zwischen dem, was versprochen wurde (hier die Erklärung), und der Ausführung des besagten Versprechens. Aber das Warten wird hier gewissermaßen durch das Warten auf das Warten noch vergrößert, weil sein Imperativ selbst (»LASST MICH MAL«) darauf warten muss, sein Ziel und jenen zu erreichen, an den er adressiert ist.

Dem wird sich der Erzähler klar bewusst, wenn er berichtet, dass er schließlich entschieden hat, selbst Aufklärung zu verlangen, anstelle ein solche zu leisten: »Ehe ich mich zu irgendeiner Erklärung hinreißen ließe, hätte ich wissen müssen, was genau man von jener Galaxie aus gesehen hatte und was nicht; und dazu gab es kein anderes Mittel, als ein Schild aufzustellen mit einer Frage wie: ABER HAST DU DENN WIRKLICH ALLES GESEHEN ODER NUR EBEN EIN BISSCHEN? oder NA SEHEN WIR MAL, OB DU DIE WAHRHEIT SAGST: WAS HABE ICH DENN GEMACHT? Und dann die nötige Zeit abwarten, bis die dort mein Schild gesehen hatten, und die ebenso lange Zeit, bis ich ihre Antwort hier sehen und die nötigen Korrekturen vornehmen könnte.« Das Warten, das die Zeit des Sehens und des Gesehenwerdens einfordert, ist somit in absolut unglaublicher Weise durch den hyperbolischen Zeitraum verstärkt, den dieser kosmische Leerlauf bis zum Eintreffen der Sichtbarkeit einführt. Niemals hätte man besser anregen können darüber nachzudenken, dass jedes Zum-Vorschein-Kommen Zeit in Anspruch nimmt.

Doch – und hier setzt sich der faszinierendste Zug dieser Erzählung in Gang – die Zeit bis zum In-Erscheinung-Treten, ganz gleich wie gewaltig die Ausdehnung auch sei, die sie erfährt, ist abermals differenziert. Anders gesagt: *Während sie Zeit in Anspruch nimmt, wird die ikonische Zeit gleichzeitig verschoben.* Ich meine damit: Sie dehnt sich aus, während sie verrinnt. Wie es der Erzähler ausdrückt, der rigoros die Konsequenzen aus der beschleunigten Ausdehnung des Universums zieht: »[W]ährend die Bilder mit Lichtgeschwindigkeit hin- und hergingen, [entfernten sich] die Galaxien immer weiter voneinander und somit [war] auch jene Galaxie jetzt nicht mehr da, wo ich sie gesehen hatte, sondern ein Stück weiter drüben, und das Bild meines Schildes [musste] ihr hinterhereilen«.

Im Begriff, das Ausmaß – sofern man noch von Ausmaß gegenüber dem Unermesslichen sprechen kann – dieser Verschiebung, die etwas Erhabenes an sich hat, zu erkennen, muss der Erzähler von einer – quasi immer noch – vorschnellen oder überstürzten Lösung absehen, also jedenfalls von einer wenig durchdachten Lösung, die nur aus einfachem Antworten besteht – ganz gleich, ob er nun eine Erklärung liefern oder verlangen möchte. Schon bald steht er überdies durch die unkontrolliert starke Vermehrung der Bilder und der Blicke, die drohen die kosmische Ikonomie so zu sättigen, wie sie die irdische Ikonomie übersättigt haben, überfordert da: »Das Schild ICH HAB DICH GESEHEN war sicherlich, ehe ich es entdeckt hatte, schon von den Bewohnern anderer Himmelskörper gelesen worden, und dasselbe würde künftig auch auf den anderen, immer weiter entfernten Konstellationen geschehen«, sorgt er sich. Er befürchtet, dass der »schlechte Eindruck«, den er »mit jener momentanen Unbedachtsamkeit« erweckt hat, »ins Gigantische aufgebläht und vervielfacht von einer Galaxie zur andern durch das ganze Universum« wieder auftaucht. Es ist wahrhaftig ein ikonomischer Alptraum, der schließlich auf diese Weise den kosmischen Raum seiner Träume verstopft: »In den folgenden Nächten«, erzählt er, »sah ich dauernd neue Schilder mit ICH HAB DICH GESEHEN auf immer ferneren Sternsystemen aufragen«.

Aber mehr als die Hoffnungen und Verzweiflungen, die Träume und Erwartungen dieses universellen Erzählers, ist die Grenze – eine sich ständig wandelnde Grenze – das wirkliche Thema der Erzählung, eine Grenze, oberhalb der keine Zirkulation oder Übertragung möglich, kein Bilderaustausch mehr etwas wert ist. Der Erzähler sieht so mit Beklommenheit den Augenblick voraus, in dem die am weitesten entfernten Galaxien – deren Geschwindigkeit, mit der sie sich entfernen, mit ihrer Entfernung steigt – keinerlei neue Bilder von ihm mehr empfangen können: »An einem bestimmten Punkt mußten die fernsten Galaxien, die mich gesehen hatten (oder die das Schild ICH HAB DICH GESEHEN auf einer uns näheren Galaxie gesehen hatten, oder auch das ICH HAB DAS ICH HAB DICH GESEHEN, GESEHEN auf einer weiter von uns entfernten), an jene Schwelle der zehn Milliarden Lichtjahre gelangen, jenseits welcher sie sich mit dreihunderttausend Kilometern in der Sekunde entfernen würden, schnell wie das Licht, so daß kein Bild sie mehr würde erreichen können.« Was man einmal von dort gesehen haben wird (oder würde gesehen haben), würde infolgedessen »nicht mehr korrigierbar« werden: das Bild des schicksalhaften Augenblicks, die Aufnahme des fatalen Fehlers, unmittelbar oder indirekt empfangen (das »ICH HAB DICH GESEHEN« oder das »ICH HAB DAS ICH HAB DICH GESEHEN, GESEHEN«), würde in diesen weit entfernten Galaxien umherschweifen, »sich jedem weiteren Bild entziehen« und das – fügt der bestürzte Erzähler hinzu – »unter Mitnahme jenes nun endgültigen Bildes«.

Wir finden und treffen auf dieser ikonomischen Schwelle, die sich unaufhörlich mit der Ausdehnung des Universums verschiebt, auf das cosmicomische – oder das *cosmikonische,* wäre man versucht, mit Calvinos Buchtitel spielend, zu sagen – Paradox, das auch ein Grenzzustand des Bilder ist: Dort, wo die Geschwindigkeit der Zirkulation maximal ist und die des Lichts übertrifft, erstarrt das Bild, indem es uns entwischt, es fixiert sich für alle Zeiten, indem es auf ewig verloren geht.

Es ist gewiss ein Bild. Oder es gehört wenigstens zu denen, die unablässig die sich ständig ändernde Grenze überwinden – oder besser: die sich mit der Grenze decken –, jenseits der sie im Nichtoptischen versinken würden. In seiner Eigenschaft als Grenzbild ist es durch eine zeitliche Verschiebung strukturiert, die alle Bilder ausmacht. Aber hier, auf diesem ständig fliehenden Rand, dessen Schauplatz die kosmische Ikonomie Calvinos ist, setzt die dem Bild innewohnende zeitliche Verschiebung nicht bloß die Bildumformatierungen (wie es bei Peter Schlemihl und seinem Schatten der Fall war) oder die Zeiträume, die zur Ikonogenese der Tier- und Pflanzenwelt gehören (wie bei Simondon, Caillois oder Nabokov), auf's Spiel. Sie setzt sie auf's Spiel, wie sie selbst die Zeit des In-Erscheinung-Tretens in seinem Abstand zu sich selbst ins Spiel bringt. Dies ist der Moment, da das Bild, indem es in den Exzess oder die unökonomische Verausgabung abgleitet, zum ganz vergeblichen Höhenflug ansetzt. Endlos, so weit das Auge reicht.